二瓶&夢塾流

国語教室づくりアイデア事典

言葉の力がぐんぐん伸びる！

■二瓶 弘行 [編著]
■国語"夢"塾 [著]

明治図書

優れた学級集団をつくろうとすることは,
今よりもレベルの高い国語教室をつくることに他ならない

　小学校教師であるならば,きっと,いつか実現したいと思い描く「夢」があります。以下のような「夢」のクラスです。

　そのクラスでは,誰もが読みたくてたまらない。一編の文章や作品に描かれた言葉を丁寧に検討し,言葉の意味,文章の要旨,作品の主題を自分らしく読み取り,自分の考えや読みの世界を確かにもつことに懸命になる。
　そのクラスでは,誰もが書きたくてたまらない。自分という存在を書き表すことの喜びがわかり,書くことで自分らしさを確認でき,仲間に伝えられることを知っている。だから,必死に言葉を選び,表現を工夫する。
　そのクラスでは,誰もが話したくてたまらない。ある話題について,自分の思いを言葉で表現しようと,誰もが適切な言葉を探すことに必死になる。思いを託せる言葉をもてたら,仲間に伝えようと懸命に挙手する。
　そのクラスでは,誰もが仲間の考えを受け取りたくてたまらない。ある話題について仲間はどう考えるのか,自分の抱く思いと同じなのか違うのか,知りたくて仕方がない。だから,仲間の発する言葉に必死に耳を傾ける。
　そのクラスでは,言葉を媒介にして,思いを伝え合うことの重さを誰もが知っている。言葉は「自分らしさ」を仲間に伝え,仲間の「その人らしさ」を受け取る重要な手段であることを,誰もが「価値」として共有している。
　そのクラスでは,言葉が,静かに生き生きと躍動している。

　私たち小学校教師の最も大切な仕事は,子どもたちに授業を通して「学力」をはぐくむことです。その学力の根幹にあるものこそが「言葉の力」。
　言葉を読む力,言葉を書く力,言葉を話す力,言葉を聞く力。これらの「言葉の力」は,あらゆる教科・領域の学びを支える力です。
　この「言葉の力」をはぐくむために毎日の国語授業があり,私たち教師は,

教材研究を繰り返し，発問を考え，学習活動を構成し，授業をつくります。
　けれども，「言葉の力」は，国語授業の時間だけではぐくむものではありません。子どもたちは，生活の中で言葉とともに生きているからです。
　子どもたちは，学校や家庭，地域社会の中で，様々な人とかかわりながら，話し，聞き，読み，書きながら生活しています。学校生活でも，朝の登校から下校まで，ありとあらゆる活動場面で，言葉を通して，仲間とかかわりながら生きています。子どもたちの生活の中で，どんな方法で「言葉の力」をはぐくみ，どんな言葉とかかわる教室環境を設定すればよいのか。

　私たちには，ずっと追い求め続けている「夢」のクラスがあります。
　この「夢」の実現には，国語授業そのものの充実を図ることが何よりも重要です。加えて，子どもたちの日々の学校生活，さらには家庭生活における言葉とのかかわりの質を高めることが大切です。
　優れた学級集団をつくろうとすることは，今よりもレベルの高い国語教室をつくることに他なりません。「学級づくりは，国語教室づくり」なのです。
　本書には，そんな「夢」のクラスを実現するためのヒントがあふれています。そのジャンルは多岐にわたり，内容も豊富です。「朝の会・帰りの会」から「掲示物」「言葉遊び」「学級文庫・学校図書館」「学級活動」，さらには「宿題」に至るまで，実に63ものアイデアを集めました。
　これらのアイデアを提案しているのは，「国語"夢"塾」のメンバーです。彼らは，日本全国各地の街で，日々の国語授業の実践をしながら，その成果を全国に発信し続けています。そして，定期的に集い，その実践を仲間と交流しながら，さらなる高みを目指して研鑽を積もうとしています。
　この「国語"夢"塾」のメンバーが世に提案してきた「アイデア事典シリーズ」は，ありがたいことに大好評で，本書の刊行で6冊目となります。
　子どもたちに確かな「言葉の力」を育てるために，本書が少しでもお役に立てば幸いです。ご一緒に，明日もまた，子どもたちのために。

2018年6月

　　　　　　　　　　　　　　　　　　　　　　　　　二瓶　弘行

Contents
もくじ

はじめに
優れた学級集団をつくろうとすることは,
今よりもレベルの高い国語教室をつくることに他ならない

第1章 あらゆる学級生活ではぐくむ「生きるための術」

桃山学院教育大学　二瓶弘行

❶ 誰に向かって話そうとしているのか …… 12
❷ 言葉を目で伝え合う「対話」 …… 12

第2章 言葉の力がぐんぐん伸びる！国語教室づくりのアイデア63

朝の会・帰りの会

オリジナル動物ことわざクイズを出題しよう！	…… 16
朝の1分間スピーチをしよう！	…… 18
今日見つけた，友だちのよいところを伝え合おう！	…… 20
明日の日直に「すてき」「ありがとう」を伝えよう！	…… 22
係の「アイ・メッセージ」を伝えよう！	…… 24

掲示物

【学習用語】学習用語カードを活用しよう！	…… 26
【学習用語】国語の学習用語をみんなの解説で記録していこう！	…… 28
【学習用語】学習用語の掲示物を活用しよう！	…… 30
【学習用語】「学びの地図」をつくろう！	…… 32
【学びの履歴】学びの履歴を残していこう！	…… 34
【学びの履歴】前時の学びを生かそう！	…… 36
【学びの履歴】掲示物を授業に生かそう！	…… 38
【子どもの作品】「今月の一句」をつくって掲示しよう！	…… 40
【子どもの作品】使い終わったノートを貯めよう！	…… 42

【話す・聞く】体のパーツカードを活用して話す・聞く力を高めよう！ …… 44
【話す・聞く】クラスの話す・聴くルールをつくり上げよう！ …… 46

【物語文】物語文の学習計画と「読み方のコツ」を活用しよう！ …… 48
【物語文】「作品の星座」をつくろう！ …… 50

【説明文】説明文の学習計画と「読み方のコツ」を活用しよう！ …… 52
【説明文】説明文の全文を掲示しよう！ …… 54

【話し合い】話し合いで大切な力を高めよう！ …… 56

【言語活動】先生作のモデルを真似してみよう！ …… 58

【アイテム】「名言・名文」日めくりカレンダーを置こう！ …… 60

【学びのルール】自分が今どんな姿か自覚しよう！ …… 62
【学びのルール】記号化で板書をスッキリさせよう！ …… 64
【学びのルール】素早く授業の準備を整えよう！ …… 66

言葉遊び

「とびとびしりとり」で言葉を見つけよう！ …… 68
「とびとび昔話」に挑戦しよう！ …… 70
３択ダウトで読み聞かせを楽しもう！ …… 72
ジェスチャーゲームで行動描写マスターになろう！ …… 74

学級文庫・学校図書館

項目	ページ
みんなで「読書けいじばん」をつくろう！	76
クラスのミニ作文集をつくろう！	78
学級文庫を充実させよう！	80
「飛び出せ！　いじんくん」で伝記を紹介しよう！	82
ブラインドブックデートをしよう！	84
図鑑の使い方をレクチャーしよう！	86
「グループ読み聞かせ隊」で読み聞かせをしよう！	88
学校図書館に出品しよう！	90
学年意識をもって学校図書館を活用しよう！	92
新聞をフル活用しよう！	94
本のおすすめリレーをしよう！	96

学級活動

項目	ページ
今月の目標に合わせて「あいうえお作文」をしよう！	98
友だちに感謝状を贈ろう！	100
学びの振り返りで新聞をつくろう！	102
みんなで漢字係をしよう！	104
校長講話をメモしよう！	106
行事作文を書き続けよう！	108
掃除の役割分担を話し合いで決めよう！	110
階段図で学級の問題を考えよう！	112
自分を成長させてくれた言葉を振り返ろう！	114
意見をつなげて，学級全員発表しよう！	116
いつでも，どこでも話し合いをしよう！	118

宿題

「家族のだれかを観察日記」を書こう！	……120
1行日記を毎日書こう！	……122
「はじめ・中・終わり」で作文を書こう！	……124
「心の色」を日記に書こう！	……126
物語風日記を書こう！	……128
主人公にひと言贈ろう！	……130
新出漢字を使っておもしろ作文を書こう！	……132
漢字の仲間集めをしよう！❶	……134
漢字の仲間集めをしよう！❷	……136
みんなで協力して意味調べをしよう！	……138
好きな一首を暗記しよう！	……140

第1章 あらゆる学級生活ではぐくむ「生きるための術」

桃山学院教育大学　二瓶弘行

❶誰に向かって話そうとしているのか

　私の教え子たちに身につけさせたい，「生きるための術」があります。
　国語の授業に限らず，算数でも社会でも英語でも理科でも道徳でも総合でも学級活動でも，あらゆる学級生活においてはぐくんでいく，１人の人として社会生活を営んでいくための術と言ってもよいでしょう。
　それは，自分の言葉を「目」で伝え，他者の言葉を「目」で受け取る，ということ。
　ある授業での話し合いの風景。教師に指名されたある子が，自分の読みを一生懸命話しています。発言しているこの子は，いったい誰に向かって話そうとしているのでしょうか。
　それは，教師です。そして，発言する子に視線を意識して向けるのは，教師１人。教師だけが耳と目で聞き取ろうと必死。だからこそ，その子は教師のみに目を向けて話すのです。
　また，このとき，他の子どもたちの多くは教師を見ています。仲間の発言に対して教師がどんな反応をするかを見ています。また，ある子たちは，教師が要領よくまとめてくれた板書をノートに書き写しています。
　そんな中で，指名された子どもは教師に向かって話し続けています。その姿が懸命であればあるほど，虚しく，寂しい。
　ここにどうしても必要なことは，子どもの相手意識，仲間の存在への認識です。そのために，私は「対話」を教えるのです。

❶言葉を目で伝え合う「対話」

「対話」活動のおおよその流れ
①話題把握……仲間と話し合う共通話題を確認する。

> ②心内対話……話題に基づき，自分の考えをつくる。一人読み。
> ③ペア対話……自分の考えを対面する仲間と音声言語で交流する。
> ④全体対話……自分の考えをクラス全員と音声言語で交流する。
> ⑤個のまとめ…最終的な自分の考えを整理し，まとめる。

　まず，設定された共通話題に基づき，「心内対話」の時間内に自分の考えをつくります。文章中に書かれた言葉と対話をする一人読みの段階です。書き込みをしたりしながら，この後に待っている「ペア対話」に備えます。

　一連の対話活動で，最も重視しているのが，ペア対話です。ペア対話は，文字通り，隣席の仲間と２人チームで行います。子どもたちは，自分の机を隣と向かい合わせます。直接，対面して対話をするのです。

　ペア対話を始めたばかりの初期段階で，「３つの条件」を話します。

> ①話したいことを短く区切って，相手と交互に話す。
> ②聞いていることを態度に示しながら相手の話を聞く。
> ③終わりの合図があるまで，沈黙の時間を決してつくらない。

　対話することにまだ慣れない子どもたちは，自分の話したいことを一度に全部話してしまいます。次にもう１人がまた全部話し，それで終了。対話にならないのです。そこで，話したいことを短く区切り，交互に話すことを指示します。

　ペア対話の活動中は，基本的にいつも，目を話し手に向けます。そして，「私はあなたの話を聞いている」ことを態度で示すように指示します。態度で示す方法は，具体的に指導します。例えば，以下のような方法です。
・うなずく，または首をかしげる。
・「なるほどね」「そうか」「それで」「ふ～ん」などの言葉を返す。
・同意できれば微笑む。理解できなければ顔をしかめる。
　対話の基本は，相手と話し，伝え合うこと。ですから「対話の相手が話し

ているときに下を向いて聞くことは失礼。相手の目を見て『聞いているよ』という態度で聞きなさい」と教えます。同時に「話す際には，聞く人の方をしっかりと見なさい」と指導します。相手は自分の話を懸命に聞いてくれているからです。その聞き手の反応を確かめながら話すことを教えます。

　ペア対話を始めたばかりのころは，なかなか対話が続かず，お互いに話すことがなくなり，黙って下を向いているペアの姿があちこちに見られます。そこで，ペア対話の３つ目の条件「終わりの合図があるまで，沈黙の時間を決してつくらない」を設けたのです。ペア対話の時間中，２人で話し続けることを義務づけ，もう一度最初から意見を言い直すのでもよいから，とにかく沈黙しないことを最優先させます。

　ペア対話のあと，「全体対話」に入ります。全体対話とは，いわゆる「話し合い」です。では，なぜ「対話」と表現するのでしょう。

　子どもたちは，それまでのペア対話で，自分の読みを１人の仲間と交流してきました。今度は，39人の仲間と読みを交流するのです。自分の読みを話し伝える相手は，黒板の前に立つ教師ではなく，この教室でともに学び合うすべての仲間たちです。そして，自分の読みを聞いてもらうと同時に，39人の仲間一人ひとりの読みをしっかりと聞く。だから，「対話」なのです。

　例えば，一番前の席に座った子どもが発言のチャンスを得ると，その子はいすから立ち上がり，自然に体を後ろに向けます。聞いてくれる，たくさんの仲間に目を向けて話すために。

　例えば，一番後ろの席に座った子どもが話し始めると，他の39人は自然に顔を後ろに向けます。「あなたの話を聞いているよ」という態度を懸命に話す仲間に示すために。

　自分の考え・思いを，言葉を通して，仲間たちに懸命に伝えようと話す子どもがいる。そして，それを精一杯に受け取ろうとして聞く子どもたちがいる。そんな，たくましさと優しさが両立した学級集団をつくるため，「対話」があります。

第2章 言葉の力がぐんぐん伸びる！国語教室づくりのアイデア63

朝の会・帰りの会

オリジナル動物ことわざクイズを出題しよう！

POINT
- モデルに倣ってオリジナルの動物ことわざをつくらせるべし！
- ことわざの意味を考えさせるべし！

① モデルに倣ってオリジナルの動物ことわざをつくらせる

　はじめは，実際にあることわざ・故事成語に登場する動物の種類を隠しておき，考えさせます。例えば「『□が西向きゃ尾は東』。□に入る動物は何？」と問い，動物の種類とことわざの意味を考えさせます。

　この活動をモデルとして，次は自分が知っている動物を使って，自分オリジナルのことわざをつくり，クイズにして朝の会で楽しもうと投げかけます。自分が飼っているペットの習性などを基にして考えさせます。朝の会の係からの連絡の後，日直がクイズを出します。「今朝のことわざクイズです。とても調子よく振る舞うこと『えさをもらう前の□』さあ，何でしょう？」のように，意味をはじめに言ってから動物の種類を答えさせます。

② ことわざの意味を考えさせる

　次のレベルは，ことわざの意味を考えさせます。動物の種類を答えるのと同様のやり方で行いますが，こちらの方が多様な答えが出てきて，さらに楽しむことができます。ことわざや故事成語・慣用句を学習したときなどの機会を捉えて行います。

（小林　康宏）

朝の会・帰りの会

自分でつくったことわざをクイズにして出題します

いろんな楽しい答えが出て,朝から教室に活気があふれます

朝の会・帰りの会

朝の1分間スピーチをしよう！

POINT
- タイマーを使って1分間を提示するべし！
- 写真など視覚的な情報を提示させるべし！

① タイマーを使って1分間を提示する

　1分間スピーチを朝の会で行っている学級は多いと思いますが，きちんと1分間で時間を区切っているでしょうか。時間をルーズにすると，子どもはダラダラしゃべってしまい，話にまとまりがなくなります。

　そこで，1分間をしっかり意識させるために，タイマーをプロジェクターで黒板に投影し，時間を提示します。発表者だけでなく，このように行うことによって，聞いている子どもも含め，学級全員で1分間を意識することができるようになります。

② 写真など視覚的な情報を提示させる

　言葉だけで伝えることも大切ですが，視覚的な情報があれば，よりわかりやすいスピーチになることが少なくありません。

　そこで，スピーチの内容にかかわる写真を，実物投影機やプロジェクターで拡大して黒板に提示しながらスピーチをする，という経験もさせてみます。可能であれば，事前に写真に見出しや説明なども入れさせておくと，よりわかりやすくなります。

（笠原　冬星）

朝の会・帰りの会

経過時間を黒板に投影します

写真なども提示するとより伝わりやすくなります

朝の会・帰りの会

今日見つけた，友だちのよいところを伝え合おう！

POINT
- 日直が口火を切り，教師が合いの手で価値づけするべし！
- テンポよくどんどん続けていくべし！

① 日直が口火を切り，教師が合いの手で価値づけする

帰りの会は，今日１日の取組を振り返る，大事な時間です。子どもたちには，互いにがんばりを認め合ってほしいものです。そこで，今日見つけた，友だちのよいところを，リズムに乗って楽しく伝え合う方法を紹介します。

まずは日直が，以下のように，友だちのよいところを紹介します。

「今日見つけた，友だちのよいところを紹介します。２時間目の国語でグループで学習をしていたときに，〇〇さんが困っていた△△さんにヒントを出してあげて，優しいと思いました」

この後教師が「本当に，優しいね〇〇さん」と合いの手を入れ，クラス全体「せーの！ パン・パン・パン！！」と手拍子をします。

② テンポよくどんどん続けていく

その後日直は，「みなさんが今日見つけた，友だちのよいところを発表してください」と投げかけて発表を促し，テンポよく続けていきます。

「４時間目の社会で，△△さんがノートをたくさん書いていました」
「確かに，△△さんのノートはすばらしかった！」（教師）
「せーの！ パン・パン・パン！！」

（藤原　隆博）

朝の会・帰りの会

発見した友だちのよいところを発言したら…

クラス全員で「せーの！　パン・パン・パン！」

朝の会・帰りの会

明日の日直に「すてき」「ありがとう」を伝えよう！

POINT
- お互いのよさを伝え続けていくべし！
- 2日続けて同じことを言うのはNGとするべし！

① お互いのよさを伝え続けていく

　子ども同士がお互いのよさを認め合い，お互いに感謝し合えるクラスの雰囲気はとても温かく，一人ひとりが安心して過ごせる教室になります。そのためには，友だちのよさや自分が友だちに支えられていることを意識させることが必要です。

　そこで，帰りの会で，日直が翌日の日直のよさや，してもらったことへの感謝を「○○さんが掃除の時間に雑巾がけをがんばっていて素敵だと思いました」「鉛筆を落としたら○○さんが拾ってくれました。○○さん，ありがとう」といったように伝えます（翌日の日直が，今日の日直を手助けすることも約束事としておきます）。

② 2日続けて同じことを言うのはNGとする

　小学生によくありがちなのが，前の人とほとんど同じことを言ってしまうというケースです。そのため，昨日の日直が言ったことと同じことを言わないようにすることを約束事とします。そうすることで，友だちのよさを見とることにより真剣になり，その表現の幅も広がります。

（小林　康宏）

朝の会・帰りの会

係の「アイ・メッセージ」を伝えよう！

POINT
- 出来事をどう捉えているかを素直に語らせるべし！
- 物事を多面的に捉えられるようにするべし！

① 出来事をどう捉えているかを素直に語らせる

「忘れ物係の連絡です。今日，忘れ物をした人は手をあげてください。（人数を数えて）今日は５人忘れ物をした人がいました。明日は気をつけましょう」といった連絡をしているクラスは多いと思います。そして，その呼びかけがあまり効果を上げていないクラスも多いと思います。

そこで提案するのが，出来事を自分がどう捉えているかを発信する「アイ・メッセージ」を使った係の連絡です。上の例だと，係からの指示を述べる前に「昨日より１人減ったので，少しだけうれしいです」など自分が思ったことを一言入れさせます。担当者の思いに触れることで，次はちゃんとしようと思う子どもが出てきます。係には，素直な思いを言わせましょう。

② 物事を多面的に捉えられるようにする

この活動も，毎度同じことを言うようになると意味がなくなってきます。そこで，忘れ物をした人が「５人もいた」と捉えることもできるし，「５人しかいなかった」と捉えることもできます。このように，物事の捉え方の例を示し，メッセージの幅を広げることをおすすめします。忘れ物をした人の気持ちを想像して話すのもよいでしょう。

(小林　康宏)

朝の会・帰りの会

アイ・メッセージをがんばって伝えます

係の言葉をより集中して聞くようになります

学習用語カードを活用しよう！

POINT
- 学習用語とその意味を簡単な図解つきでまとめるべし！
- 必要な時期が来たら黒板に貼って活用するべし！

① 学習用語とその意味を簡単な図解つきでまとめる

　学習環境を整えるうえで外せないのが、既習事項の掲示です。意味段落、要点、小見出し等、教師には当たり前の学習用語も、子どもにとってははじめて習得する言葉ばかりです。したがって、時間とともに学習用語の名前や意味を忘れてしまうのは当然のことです。

　そこで、1学期に学習したことを、3学期にも活用できる掲示物を紹介します。

　まず、今後も使用することになる学習用語とその意味を模造紙に書きます。またその際に、パッと見てわかる図解も付け加えることをおすすめします。

② 必要な時期が来たら黒板に貼って活用する

　作成した掲示物は、穴をあけ、ペーパーファスナーを用いて綴じ込みます。

　そして、再び授業で使用するときが来たら、掲示場所から出し、黒板へ貼り出します。

　子どもたちは、「あぁ、あれか。やったことがあるぞ」「そうかそうか、確かにこれは使える！」などとつぶやきながら、既習事項を活用し始めます。

（藤原　隆博）

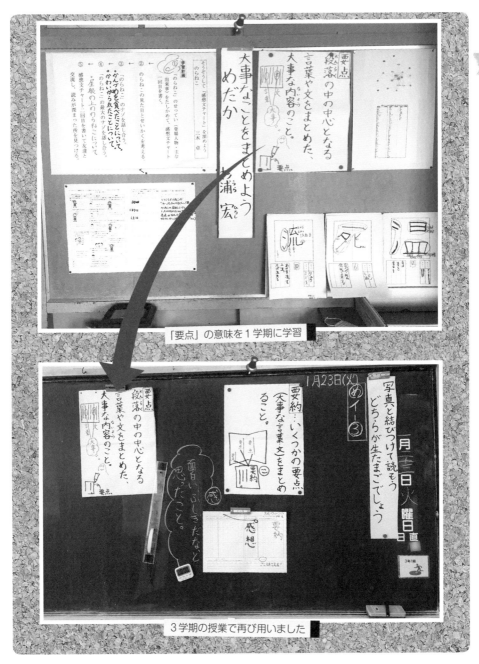

【掲示物】
【学習用語】

国語の学習用語を
みんなの解説で記録していこう！

POINT
- 国語の学習用語を使おうとする態度を育てるべし！
- 学習用語の意味や効果を子どもの言葉で書くべし！

① 国語の学習用語を使おうとする態度を育てる

　物語文・説明文の学習において，学習用語をきちんと使いこなせるようにすることは大事です。そこで，教室に国語の学習用語を掲示し，ためていき，授業中に「どれだったっけ？」と，この掲示を見て考えた子どもをほめます。そうやって，国語の学習用語を使おうとする態度を学級全体に広げていきます。

② 学習用語の意味や効果を子どもの言葉で書く

　学習用語のみを書いて掲示しておいてもよいのですが，「『情景描写』って何だったっけ…？」などと，学習用語を思い出してもその理解が曖昧になってしまうことがあります。そこで，学習用語だけでなく，その意味や効果，どの物語文・説明文で学んだことなのかなども一緒に書いておきます。また，それを子どもの言葉で書いておくことがポイントです。そうすることで，学んだときのストーリーと一緒に学習用語を思い出すことができます。「あっ，『大造じいさんとがん』で学んだ，あの『情景描写』だね。景色に心情が映し出されているんだったね」といった感じです。

（佐藤　司）

掲示物【学習用語】

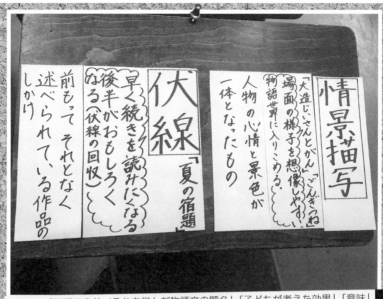

右から,「用語の名前／それを学んだ物語文の題名」「子どもが考えた効果」「意味」

いつでも使えるように,教室に掲示します

掲示物【学習用語】

学習用語の掲示物を活用しよう！

POINT
- 学習用語の短冊を掲示するべし！
- 学習用語を使いこなせるように短冊を活用するべし！

① 学習用語の短冊を掲示する

　随分前のことになりますが，二瓶弘行先生の教室を覗いて驚いたことが2つありました。1つは，全国から集められた「ご当地ふりかけ」の箱の陳列。もう1つは国語の「学習用語」の掲示です。
　ご当地ふりかけの陳列は，必然的に日本各地の名産や風土への興味が喚起されます。学習用語の掲示は，国語においても明確な学習の系統性や学習事項があることを感じさせました。そして，学級の掲示が，子どもたちの学習環境の大きな柱であることを実感しました。

② 学習用語を使いこなせるように短冊を活用する

　会得した学習用語は，自分の意見や考え・思いを表現するために，自分の言葉として活用されなければなりません。そして，その用語の登場によって，集団の理解が促進されるような学級の共通言語という側面をもたせたいものです。そこで，ただ掲示をするのではなく，子どもの発表時に活用できるように移動可能な状態にしておくことをおすすめします。使いこなせるようになった学習用語は，自分の武器になります。

（大江　雅之）

掲示物 【学習用語】

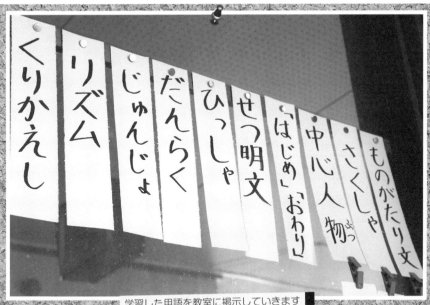

学習した用語を教室に掲示していきます

短冊を授業の中で積極的に活用します

「学びの地図」をつくろう！

- ●単元のスタートに「学びの地図」をつくるべし！
- ●読みの視点を短冊にまとめて掲示するべし！

① 単元のスタートに「学びの地図」をつくる

　物語文など，長時間を必要とする単元で，学びの目的を見失わないために有効な掲示物です。

　単元のはじめに，例えば，「大造じいさんとがんの関係を読んでいこう」というような課題をつくり，どうすれば解決できるかを話し合います。

　そして，その解決の道筋を，「学びの地図」として端的にまとめていくのです。

② 読みの視点を短冊にまとめて掲示する

　「学びの地図」に基づいて単元の学習を進める中で，「これは次にも使える」という学習用語を短冊にまとめます。

　例えば，説明文を読むときの授業では，「話題提示」「問題提起」「エピソード」などの用語です。次時以降に文章を読むときにも，それらが読みの視点となります。

　授業中，その場で短冊にすると，子どもたちはより印象的に学びを貯蓄していくことができます。

（相澤　勇弥）

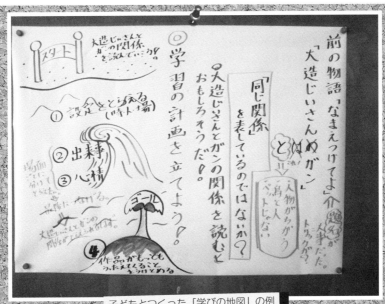

子どもとつくった「学びの地図」の例

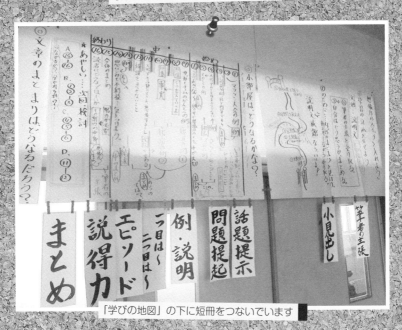

「学びの地図」の下に短冊をつないでいます

掲示物【学びの履歴】

学びの履歴を残していこう！

> **POINT**
> ● 学びの履歴を実感できるように掲示するべし！
> ● 子どもからのアドバイスを掲示する場を設けるべし！

① 学びの履歴を実感できるように掲示する

　長ければ十数時間も続く単元の学びに主体的に取り組んでいくためには，単元全体の学習を見通しをもちながら進めていく必要があります。しかし，細かなところまであらかじめ計画されたものをいきなり示されたのでは，主体性はなくなってしまいます。

　そこでまず，「単元の総時数」「最終的な姿（身につけたい力）」「おおまかな活動」といった骨組みだけを掲示します。そして，ノートのコピーや授業で使った資料で少しずつ埋めていくことにより，子どもが学びの履歴を実感できるようにしていきます。

② 子どもからのアドバイスを掲示する場を設ける

　レポートやプレゼンテーションなどの言語活動には，どうしても得意不得意の個人差が出てきます。「わからない」「苦手」と感じている子どもに役立つのは，教師の長い説明よりも，少し先を進んでいる友だちの作品であり，アドバイスです。そこで，そういった少し先を進む子どもからのアドバイスを残す掲示の場を設けます。もちろん，アドバイスを書く側にとっても自分の考えを整理する大切な機会となります。

（宍戸　寛昌）

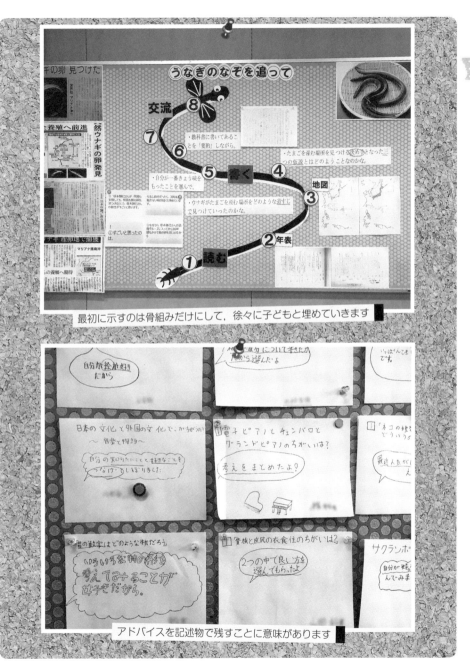

掲示物【学びの履歴】

前時の学びを生かそう！

POINT
- 子どもの振り返りを掲示するべし！
- 「ふりかえり紹介」から次時の授業に入るべし！

① 子どもの振り返りを掲示する

　長い時間をかけて作品を読み込んでいくことの多い国語の学習は，日々の積み重ねが大切です。前時に学んだことを振り返り，本時の学習のめあてを明確にし，課題の解決に向かうことがポイントになります。

　そのために，授業の最後に子どもに書かせる振り返りを活用します。

　まず，カードに本時の振り返りを書かせ，授業終了後に回収し，子どもの振り返りの中で次時の授業に役立ちそうなものを，カードを拡大印刷した掲示物に記入します。

　拡大印刷した掲示物に自分のカードの記述があると，子どもたちは喜んで友だちにそのことを広めます。こうして，徐々に個の学びが全体に浸透していきます。

② 「ふりかえり紹介」から次時の授業に入る

　次の授業の冒頭で，拡大印刷した掲示を用いて「ふりかえり紹介」をします。子どもが書いた振り返りの記述内容に触れながら，本時のめあてや課題を提示していきます。

（藤原　隆博）

掲 示物【学びの履歴】

子どもの振り返りを拡大したカードに記入していきます

「ふりかえり紹介」をしながら、本時のめあてや課題をつかみます

掲示物【学びの履歴】

掲示物を授業に生かそう！

POINT
- 掲示物で子どもの意見のズレを「見える化」するべし！
- 次の授業に掲示物を生かすべし！

① 掲示物で子どもの意見のズレを「見える化」する

　ズレを生むための発問を中心に据え，子どもの間に生まれる意見のズレに焦点を当てて授業づくりをしていきます。例えば，説明文であれば「〇段落は必要？　どんな効果があるんだろう？」，「ごんぎつね」であれば「ごんはどんな人なのだろう？」といった具合です。

　自分と違う意見が生まれる状況に置かれることで「もっと伝えたい」「もっと聴きたい」という想いが子どもの中に芽生えてきます。「話し足りなかった！」という声が出てきたらこちらのものです。板書を写真にとって掲示し，学習感想などから子どもの意見を拾い，短冊等に書いてあわせて掲示します。

② 次の授業に掲示物を生かす

　掲示物は，掲示して終わりではなく，それを活用することで効果を発揮します。ズレを「見える化」した掲示物も，貼るだけでなく，必ず次の授業で言及します。また，掲示物に書いてあった友だちの意見を引用して発表する子がいたら，大いにほめます。そうして，掲示物も授業もよりいきいきとしたものになっていきます。

（今村　行）

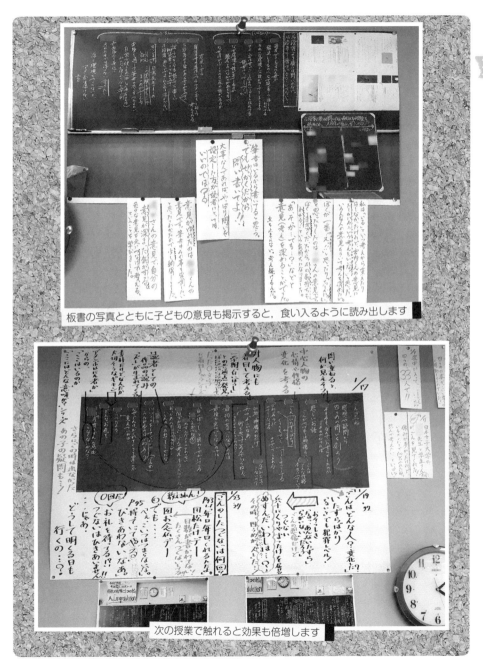

掲示物【学びの履歴】

板書の写真とともに子どもの意見も掲示すると、食い入るように読み出します

次の授業で触れると効果も倍増します

掲示物
【子どもの作品】

「今月の一句」をつくって掲示しよう！

POINT
- 学級全員の作品を掲示するべし！
- 作品をつくったらすぐに掲示し，鑑賞し合うべし！

① 学級全員の作品を掲示する

　毎月の最初の国語の時間を使い，俳句か短歌づくりを行います。子どもに季節を実感させたり，伝統的な言語文化の日常化につなげたりすることができます。この活動では，学級全員の作品を掲示することが大切です。そのためのポイントは2つあり，1つは全員が作品をつくれるようわかりやすく指導すること，もう1つは作品をつくる時間に余裕をもつことです（2時間取って，1時間は作品をいくつかつくりノートに書き，もう1時間でA4の紙にマジックで書き色づけするという時間配分にします）。毎月行っていると，つくるのがどんどん速くなり，言葉も磨かれていきます。俳句中心に取り組みますが，時には短歌をつくるのも楽しいものです（中学年くらいだと，言葉を短く刈り込む力が弱く，短歌の方がつくりやすかったりします）。

② 作品をつくったらすぐに掲示し，鑑賞し合う

　子どもたちが作品をつくるのは自分たちのためです。教師が見栄えのよい掲示物をつくるためではありません。つくったらその時間内に掲示しましょう。そして，お互いの作品を見合い，よさを共有しましょう。

（小林　康宏）

掲示物【子どもの作品】

大きな字で丁寧に書き、読みやすいものにします

つくった作品は即掲示し、感想を伝え合います

【掲示物
子どもの作品】

使い終わったノートを貯めよう！

POINT
- 使い終わったノートを積み上げるべし！
- 貯め続けたノートを修了式の日に配るべし！

① 使い終わったノートを積み上げる

　ノートは大事な学習の足跡です。授業の中で変容した自分の考えを書き残したり，思いついたアイデアを必死にメモしたりしていきます。そんな学習を経て使い終えたノートは大事な「宝」です。しかし，子どもたちはその価値に気づかず，そのまま捨ててしまうなどということはないでしょうか。

　そんな子どもたちのノートに対する姿勢を変えるため，使い終わったノートを１か所に集め，みんなで積み上げていきましょう。ノートが積み上がれば積み上がるほど，子どもたちは真剣に書くようになっていきます。

② 貯め続けたノートを修了式の日に配る

　集められたノートには，提出された順番と使い終わった日を書き，かわいいシールを貼ったりしておきます。そして，修了式の日に積み上げてきたノートを配るのです。子どもたちは一年間の自分たちの学びを最後の日に振り返り，これまで自分たちが経験した学びについて，自然と語り始めます。自分の書いた文字を読みながら，楽しそうに話す子どもたちの，次年度のノートに向かう態度は，積極的なものへと大きく変わっているはずです。

（中尾　聡志）

掲示物【子どもの作品】

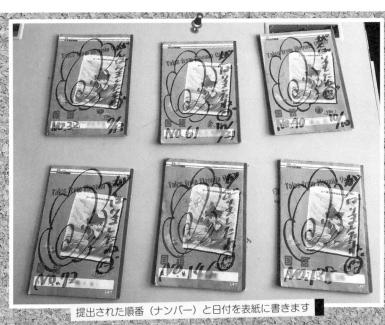

提出された順番（ナンバー）と日付を表紙に書きます

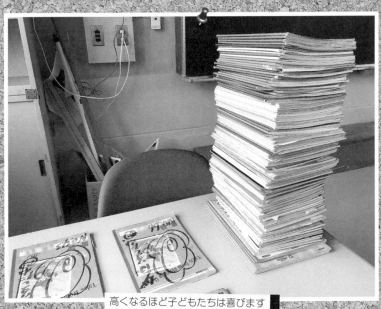

高くなるほど子どもたちは喜びます

体のパーツカードを活用して話す・聞く力を高めよう！

POINT
- ●目・耳・心などの体のパーツカードを掲示するべし！
- ●意識できるようにパーツカードを活用するべし！

① 目・耳・心などの体のパーツカードを掲示する

　目・耳・心など，パーツを意識した話し方・聞き方は，小学校だけではなく，社会で生きていく大切なスキルです。同じ指導や話を受けるにしても，パーツを意識することによって集中度が増します。集中度が増したときの学びとそうでないときの学びの差は，歴然としたものがあることを捉えさせたいものです。そういう観点からも，パーツを意識した話し方・聞き方指導は低学年だけではなく，全学年を通じて行われるべきだと考えます。

② 意識できるようにパーツカードを活用する

　継続することによって，体のパーツのカードをパッと示すだけで，逐一細かなことを言わなくても子どもたちの意識を向けさせることができるようになります。

　そのために，体のパーツのカードを活用する場面を設けるようにします。今回の発表では，体のどの部分を使って話すのか，どの部分を使って聞くのかを確認します。そして，体のパーツを使ってしっかりと話すこと・聞くことができていた場合は，そのことを認めていきます。評価等の「観点」としても活用することができます。

（大江　雅之）

掲示物【話す・聞く】

話し方・聞き方に関する体のパーツカードを掲示します

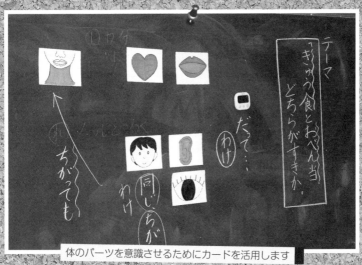

体のパーツを意識させるためにカードを活用します

掲示物
[話す・聞く]

クラスの話す・聴くルールをつくり上げよう！

POINT
- 子どもの経験から「心地」について確かめるべし！
- 意見を板書にまとめ，写真に撮って掲示するべし！

① 子どもの経験から「心地」について確かめる

　よく，「話し方名人，聞き方名人」という掲示物が貼ってある教室を目にします。低学年で言うと，「声のものさし」などの掲示物もよく見られます。
　しかし，それらが形だけになってしまい，子どもにとっての自分事になっていないことも多いように思います。どうすればよいのかを考えたときに，子ども自身の「話し心地」「聴き心地」のよかった経験から，クラスの共通認識をつくっていくことがよいのではないかと考えました。

② 意見を板書にまとめ，写真に撮って掲示する

　子どもに「話し心地」「聴き心地」がよかった経験を問うと，様々な意見が出てきます。「あいづちをうってくれたり，うなずいてくれたりすると安心できる」「メモをとってくれるとうれしい」「先生の方じゃなく，みんなの方を向いてくれると聴きやすいな」「問いかけられると，思わず聴いちゃう！」などの意見を板書にまとめ，それらを写真に撮って，拡大してそのまま掲示します。その後も，それらを実践している子がいたらほめ，他のよい話し方，聴き方を認め，加えていくこともできます。

（今村　行）

掲示物【話す・聞く】

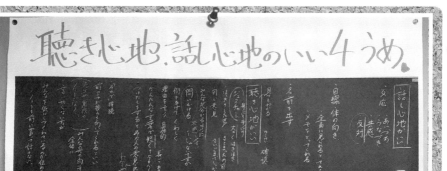

子どもの意見から,「話し心地」「聴き心地」のよさを明らかにし,まとめます

話し手をただ見るだけでなく,わからないことは隣に相談するのも大事な聴き方です

物語文の学習計画と「読み方のコツ」を活用しよう！

POINT
- 物語文の学習計画を示し，主体的な学びの基盤を整えるべし！
- 「読み方のコツ」を掲示するべし！

① 物語文の学習計画を掲示し，主体的な学びの基盤を整える

「先生，今日の授業は何をやるの？」

物語文の授業で，こういった言葉が子どもたちから頻繁に聞こえてくるということは，子どもが単元の見通しをもつことができていないということです。

単元の見通しをもたせるための学習計画は，最初に板書して終わりではなく，右ページ上のような掲示物にすることで，

「前の学習を生かしてこれを考えたいな」

「次の授業が楽しみだな」

と，子どもが主体的な学びに向かう基盤を整えることができます。

② 「読み方のコツ」を掲示する

せっかく前の単元で「登場人物の心情変化を行動と会話から捉える」という「読み方のコツ」を学習したにもかかわらず，作品が変わるとそれを生かせていないことがあります。

そこで，作品ごとに右ページ下のような「読み方のコツ」の掲示物をつくり，子どもたちが自分で確認できるようにします。

（長屋　樹廣）

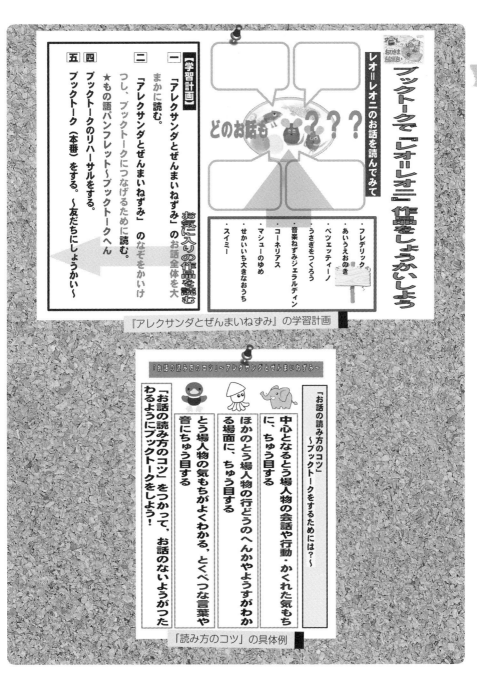

掲示物【物語文】

「作品の星座」をつくろう！

POINT
- 「作品の星座」づくりを通して読みを確かなものにするべし！
- 先輩の作品をモデルとして示すべし！

① 「作品の星座」づくりを通して読みを確かなものにする

　子どもたちに，自ら物語文を読み進める力を獲得させるために，二瓶弘行先生の「物語の自力読みの観点」に基づく「作品の星座」づくりを行いました。

　「作品の星座」は自分の読みを表現する場です。ただ読むだけでは，「理解したつもり」になってしまいがちですが，「作品の星座」に表現することを通して，自分が読み取ったことがはっきりします。

② 先輩の作品をモデルとして示す

　「作品の星座」づくりに限ったことではありませんが，何か具体物を作成する言語活動では，教師のモデル提示はもちろん，先輩がつくった過去の作品をモデルとして提示することが有効です。

　「○○さんのように書いてみたい」

　「○○くんはすごいな。こんなふうに書けるようになりたいな」

と子どもたちに感じさせることができたら，モデル提示は大成功です。あこがれをもつことは，学びの原動力になります。

（長屋　樹廣）

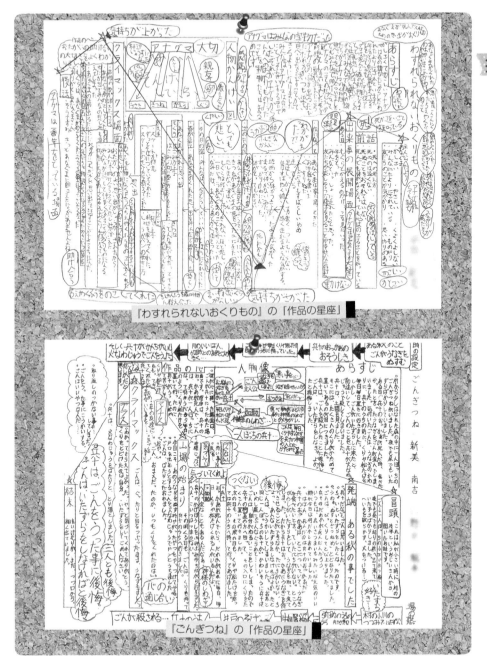

掲示物【物語文】

説明文の学習計画と「読み方のコツ」を活用しよう！

POINT
- 説明文の学習計画を掲示し，主体的な学びの基盤を整えるべし！
- 「読み方のコツ」を掲示するべし！

① 説明文の学習計画を掲示し，主体的な学びの基盤を整える

　説明文の学習において，単元の導入で，子どもたちとともに考えた学習計画を板書して終わりではなく，それを掲示することで，
　「このゴールに向かって，このような視点で考えたいな」
　「ここの部分とそこの部分の関連はどのようになっているのかな」
など，主体的な学びに向かう基盤を整えることができます。

② 「読み方のコツ」を掲示する

　説明文は，「読み方のコツ」を意識して読むと，一読しただけではわからなかった言葉と言葉のつながりや，文と文のつながりなどが見えてきます。すると，謎解きのようなおもしろさを味わいながら読み進めていくことができます。
　そこで，この「読み方のコツ」も掲示物としておくと，それを確認しながら読み進めようとする子どもの姿が，教室のあちこちで見られるようになります。

（長屋　樹廣）

説明文の全文を掲示しよう！

POINT
- 授業で使った説明文の全文を教室に掲示するべし！
- 板書事項や優れたノートのコピーを掲示するべし！

① 授業で使った説明文の全文を教室に掲示する

　説明文の全文を拡大して１枚のプリントにまとめ，授業で使用することがあると思います。教科書では，ページがまたがるため全体が捉えにくいのに対して，全文が俯瞰できるプリントは活用しやすいものです。しかし，単元が終わるとすぐに処分してしまうことはないでしょうか。それではもったいないので，次の説明文の学習まで掲示しておくことをおすすめします。学習内容を想起させ，学習の系統を確認することができるというメリットがあるからです。

② 板書事項や優れたノートのコピーを掲示する

　ただ，説明文全体を掲示するだけでは，学習内容の想起は十分にはできません。そこで，そのときの板書事項や自分の考えが表現されている優れたノートのコピーを説明文の下につなげて掲示することをおすすめします。
　「〇〇さんは，このときこう思ったんだね」「前の説明文のこの時間に学習しているね」というような，単元同士をつなぐ立体的な学習が展開されるようになります。

（大江　雅之）

掲示物【説明文】

説明文の全文を俯瞰できるように掲示しています

掲示した説明文を活用して授業を進めていきます

掲示物
[話し合い]

話し合いで大切な力を高めよう！

POINT
- 話し合いで大切な個別の力を動的に掲示するべし！
- 子どもたち自身にも話し合いで大切な力を考えさせるべし！

① 話し合いで大切な個別の力を動的に掲示する

　話し合いは，国語だけでなく，様々な授業や場面で行われます。話し合いには，「反応しながら聴く」「聴いている人に向かって話す」といった大切な力があります。こうした力を子どもたちが常に意識しながら，話し合いを進めていけるように掲示物をつくります。

　掲示物は，「話す」「聴く」それぞれについて，個別の力に関する短冊をつくります。そして，
①身についている力（右ページ上の写真では「みんなの力」）
②まだ不足している力（右ページ上の写真では「がんばるもの」）
に分けて，それらを掲示するようにします。

　つまり，その力が子どもたちについてきたタイミングで，②から①に変わるということです。

② 子どもたち自身にも話し合いで大切な力を考えさせる

　さらに，子どもたち自身に，話し合いで大切な個別の力を考えさせ，それらを短冊として加えていくようにすることで，より話し合いへの意識が高まっていくようになります。

（渡部　雅憲）

掲示物【話し合い】

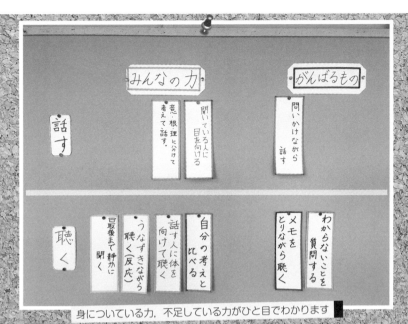

身についている力，不足している力がひと目でわかります

子どもたち自身に，話し合いで大切な力を考えさせます

掲示物
【言語活動】

先生作のモデルを真似してみよう！

POINT
- まずは教師がモデルをつくるべし！
- 読書感想文は，本への愛が伝わるモデルを示すべし！

① まずは教師がモデルをつくる

　読書感想文，随筆，ポップや帯，登場人物へのお手紙…などなど，多岐にわたる言語活動への理解を深めるために，教師によるモデル作成は大きな意義をもちます。「例年やっていることだから」では子どもは書けませんし，教師も困ってしまいます。「ここは書きにくそうだな」「これを書くにはこんな知識・技能が必要だな」など，教材研究や単元づくりにも生かせる観点が得られることでしょう。

② 読書感想文は，本への愛が伝わるモデルを示す

　読書感想文は，読書への意欲喚起に大きな意義をもちます。文章の巧拙もさることながら，その本への愛が伝わってくる感想文を書き，モデルとして掲示することで，子どもに「こんなふうに書けばいいんだ」「なんだかおもしろそう，読んでみようかな」と思わせることができます。
　実際に単元が始まったら，教師のモデル文を参考に書く子どももたくさん出てきます。筆が止まりがちな「あの子」にとって助けになるモデルをつくり，年間を通して継続できると，教師にとっても大きな力になるはずです。

（佐藤　拓）

掲示物【言語活動】

> 「なめとこ山の熊」
> 熊捕り名人の小十郎。しかし彼は、いとも簡単に熊に殺されてしまった。
> 「死んで凍えてしまった小十郎の顔は、まるで生きているように冴え冴えして、何か笑っているようにさえ見えたのだ。」
>
> 比喩の表現には、その場面の様子を想像を広げて読めるという良さがあります。
> 私はこの表現から、小十郎は熊に殺されたかったという気持ちを想像しました。みなさんは、どう思いますか！？

教師がつくった本のポップのモデル

学習に合わせて年間を通してモデルを示し続けると、子どもの関心も高まっていきます

「名言・名文」日めくりカレンダーを置こう！

POINT
- 教室に「名言・名文」日めくりカレンダーを置くべし！
- 子どもにめくらせるようにするべし！

① 教室に「名言・名文」日めくりカレンダーを置く

　最近は，書店に行くと，様々な人の名言・名文が綴られた日めくりカレンダーを売っています。この「名言・名文」日めくりカレンダーを，通常のカレンダーとは別に，教卓の上や黒板の横などに置きます。

　教室に置くので，どんな言葉が書いてあるのかを意識して選びます。名言・名文だけでなく，名詩・ことわざなどもおすすめで，優れた言語表現に日々触れることで，子どもたちの言葉の力が自然に育っていきます。

② 子どもにめくらせるようにする

　最初，子どもたちは「何だろう？」「何が書いてあるんだろう？」と不思議そうに眺めています。そのうち，だんだん「明日は何が書いてあるんだろう」と楽しみになってきます。そのうち，「めくっていい？」と言う子どもも出てきます。違う日をのぞきこむのも大事な意欲です。

　また，日直にカレンダーをめくる役割を与えてもよいでしょう。次の日にどんな言葉が出てくるのか楽しみになってきます。

　日めくりカレンダーの言葉を先生と一緒に音読してみるのもいいですね。

（広山　隆行）

掲示物【アイテム】

教卓の上に置いた日めくりカレンダー

どんな言葉が書いてあるのかを意識して選びます

【掲示物】
【学びのルール】

自分が今どんな姿か自覚しよう！

POINT
- 掲示物で姿勢の指導をするべし！
- 悪い例とよい例を両方示すべし！

① 掲示物で姿勢の指導をする

　国語の授業に限ったことではありませんが，授業を受けるときの姿勢（座り方）は大変重要です。しかし，あいさつや挙手，返事の仕方等と同様，基本中の基本であるが故に，暗黙の了解とされ，話題になることが少ないものです。

　目にあまるときにはもちろん注意しますが，教師は座って授業をしているわけではないので，理想的な姿を言葉で伝えるのは意外に難しいものです。

　そこで，右のページのような裏表の掲示物を作成します。

② 悪い例とよい例を両方示す

　姿勢が乱れている子どもが多いと感じたら，「みなさん，こんな座り方になっていませんか？」と右ページ上の面を見せます。その後，掲示物を反転し，「『しせいのものさし』を意識してみましょう」と投げかけ，正しい姿勢を取らせるようにします。

　ひと口に「姿勢が乱れている」と言っても，状況は様々なので，悪い例をたくさん示すことがポイントになります。

　可能であれば校内の全教室で共有したいルールです。

（藤原　隆博）

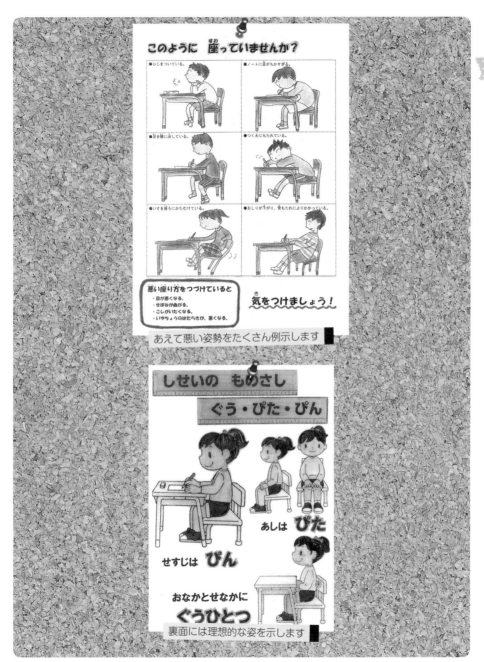

掲示物【学びのルール】

掲示物
【学びのルール】

記号化で板書をスッキリさせよう！

POINT
- ノートの書き方に見通しがもてる板書を意識するべし！
- 学習用語やよく使う言葉を記号化するべし！

① ノートの書き方に見通しがもてる板書を意識する

　授業の中核とも言える板書。いかに見やすく板書をするかが教師にとっての大きなテーマですが，子どもたちにとっても，ノートを書きやすい板書か，否かは重要です。ノートの書き方に見通しがもてない板書は，子どもたちの学びを阻害しているのです（したがって，教師1年目からでもすぐにできるよう，板書のシステムは，学校全体でそろえられていることが理想です）。

② 学習用語やよく使う言葉を記号化する

　子どもがノートを書きやすくなる板書の工夫の1つとして，「めあて」「問題」「まとめ」などの学習用語や，「自分の考え」「友だちの考え」などの授業でよく使う言葉を，「め」「問」「ま」「自」「友」などと記号化して板書するという方法があります。

　同じ用語や言葉でも，意識せず微妙に違う表現で書いてしまうことがありますが，記号化するとそういうことがなくなります。こうして板書のシステムが明確になり，子どもがノートの書き方に見通しをもちやすくなります。国語に限らず，算数・社会・理科などでも同じシステムで書くことができるということもメリットです。

（藤原　隆博）

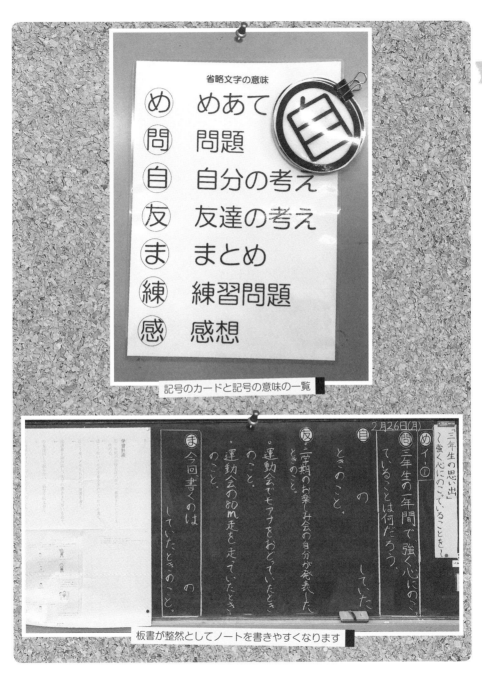

記号のカードと記号の意味の一覧

板書が整然としてノートを書きやすくなります

掲示物【学びのルール】

掲示物【学びのルール】

素早く授業の準備を整えよう！

POINT
- 準備が整っている子どもの机上を大型テレビに映し出すべし！
- 準備が終わったら挙手させるべし！

① 準備が整っている子どもの机上を大型テレビに映し出す

　さあ，授業開始。
　日直のあいさつ…，と思ったら，学習の準備が整っていない子がちらほら。こんなとき，教師が「しっかりしなさい！」と怒鳴ったら，ちゃんと準備ができている子どもも意気消沈してしまいます。
　そこで，デジタルカメラで学習の準備が整っている子の机上をカシャッ！
　それを，即座に大型テレビの画面に提示して，以下の指示を出します。
　「緊急！　○○さんのように，必要なものだけ用意せよ！」
　子どもたちは，「これは大変だ！」とばかりに机上を整え始めます。

② 準備が終わったら挙手させる

　準備が終わった子が挙手する習慣がある学級だと，右ページ下の写真のように，ビシッと手があがります。
　このような，遊び要素のある取組が，子どもたちは大好きです。教師の怒鳴り声よりも，遊び心の利いた指示で，教室を次の学習に向かう，よい雰囲気に変えていきましょう。

（藤原　隆博）

掲示物【学びのルール】

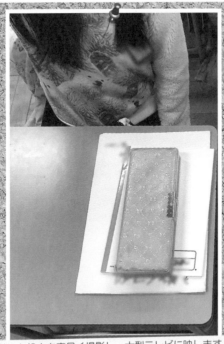

整った机上を素早く撮影し、大型テレビに映します

机上が整った子から素早く挙手させると、雰囲気がガラリと変わります

言葉遊び

「とびとびしりとり」で言葉を見つけよう！

POINT
- 4つのしりとりのうち，中の2つを考えさせるべし！
- レベルを上げて盛り上げるべし！

① 4つのしりとりのうち，中の2つを考えさせる

　休み時間やすき間時間など，ちょっとしたときにできる言葉遊びです。特に下学年で盛り上がります。

　黒板に，「いす」と書いて，矢印を2つ書き，最後に「からす」と書きます。そして，「最後『からす』で終わりたいのですが，2つめに何が入るでしょう？」と問いかけます。一斉に手があがり，「すいか」を入れました。

　次に，「『か』で始まって『か』で終わるものは何でしょう？」と問い，みんな一生懸命考え，盛り上がります。

② レベルを上げて盛り上げる

　はじめやおわりの言葉は，「か行」や「さ行」など，考えやすい音にしておくとよいでしょう。考えるのが難しい子どもがいる場合は，「作戦タイム」で近くの人と話す時間をあげてもよいと思います。

　全部正解したら，第1問で終わった「からす」を横に書いて，第2問を出していくと，第1問で考えつかなかった子どもたちものってきます。

　さらにレベルを上げて，最後の言葉を難しくしたり，生き物や食べ物に限定したりするのも盛り上がります。

（比江嶋　哲）

最初と最後の言葉を設定します

1つずつ考え，発表させます

言葉遊び

「とびとび昔話」に挑戦しよう！

POINT
- お話の最初と最後を決めるべし！
- 起承転結の「転」を考えさせるべし！

① お話の最初と最後を決める

　黒板に4つのコマを書きます。1人の子に動物でも何でもよいので，1つ言葉を言わせ，それを「○○太郎」と名づけます（右ページの例では，「さる太郎」になりました）。

　続いて，最初と最後のコマに主人公をかき，最初のコマの横に「ある日，さる太郎は散歩に行きました」，最後のコマの横に「いつまでも幸せにくらしました」と書きます。

　そして，「何が起きたでしょう？」と言って2コマ目を考えさせます。

② 起承転結の「転」を考えさせる

　子どもが発表したら，それを2コマ目の中にかいて，はじめからみんなで読んでみます（右ページ例では，2コマ目は「すると，牛がやってきて，牛乳をくれました」になりました）。

　そして，「ところが…」に続く3つ目のコマを考えさせます。

　必ず最後の「いつまでも幸せにくらしました」につながないといけないことがポイントです。右ページの例では，「ところが，牛乳からお金がいっぱい出てきました」となりました。

（比江嶋　哲）

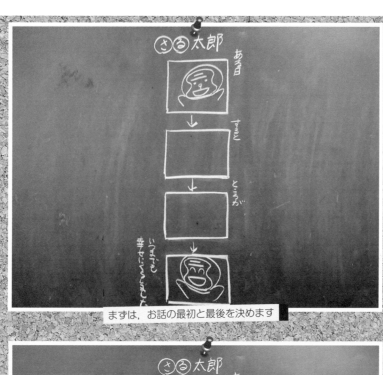

まずは、お話の最初と最後を決めます

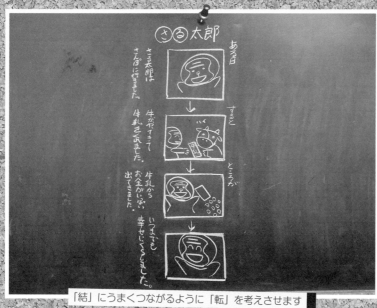

「結」にうまくつながるように「転」を考えさせます

3択ダウトで読み聞かせを楽しもう！

POINT
- 教科書教材でダウト読みのおもしろさを経験させるべし！
- 3択問題で想像するおもしろさを体感させるべし！

① 教科書教材でダウト読みのおもしろさを経験させる

「ダウト読み」という読み聞かせの方法があります。子どもが何度か読んでいる教科書教材を用いて，教師がわざと言葉を間違えて読むのです。子どもはその間違いに気づいたら「ダウト！」と大きな声で指摘します。楽しませたいなら思いっ切りおかしな言葉を，子どもの教材への習熟度を測りたいなら微妙な言い回しを…というように，間違いをどう仕組むかが教師の腕の見せ所です。授業の中でこのダウト読みを何度か体験させ，おもしろさに浸らせておくことが次の活動の布石となります。

② 3択問題で想像するおもしろさを体感させる

雨降りの日の休み時間に，外で遊べない子どもたちに，初見の作品でダウト読みをします。しかし，初見の物語だと，子どもたちはダウトかどうかわかりません。そこで選択肢を3つ設定しておき，選ばせるのです。ここでもおもしろい選択肢を入れておくと，子どもたちは大盛り上がりです。絵本が数ページ進むごとに3択問題が出ると，飽きっぽいあの子もきっと集中して最後まで聞くことができます。

（宍戸　寛昌）

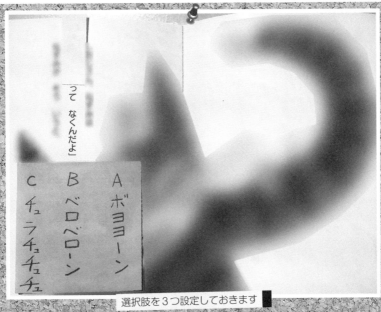
選択肢を3つ設定しておきます

選択肢が書かれた絵本があれば、子ども同士でも簡単にダウト読みができます

言葉遊び

ジェスチャーゲームで行動描写マスターになろう！

POINT
- 心情を行動描写で読み取ったり表したりできるようにするべし！
- ジェスチャーゲームで楽しく取り組むべし！

① 心情を行動描写で読み取ったり表したりできるようにする

　物語文の読解において，心情描写からだけでなく，行動描写から人物の心情を読むこともあります。ですから，行動描写に着目し，心情を読むことができる子どもを育てなければなりません。また，日記や物語文を書くときにも，「悲しくなりました」などと，直接的に心情を描くだけでは単調な文章になってしまいがちです。そこで，おすすめの遊びを紹介します。

② ジェスチャーゲームで楽しく取り組む

　まず，出題者の子どもに，「うれしい」「悲しい」などの心情（お題）を伝えます（出題者自身で考えさせてもよいでしょう）。そして，それをジェスチャーで表現します。その他の子どもは，解答者となり，そのジェスチャー（行動）を文で表し，どんな心情を表したものなのかを考えます。「〇〇さんは，笑顔で両手をあげて大きく飛び跳ねました」→「うれしい」といった具合です。

　まずは教師が出題者となり，大げさにジェスチャーするなどして，笑いを起こし，取り組みやすい空気をつくりましょう。

（佐藤　司）

出題者がある心情を表すジェスチャーをします

ジェスチャーから心情を推理し、行動を描写します

学級文庫・学校図書館

みんなで「読書けいじばん」をつくろう！

POINT
- 「読書けいじばん」を設置するべし！
- 「読書けいじばん」を読書を促すきっかけにするべし！

① 「読書けいじばん」を設置する

　物語作品の単元。その作者の別の作品を紹介したり，集めたりする先生もいらっしゃると思いますが，これはもう一歩踏み込んだ取組です。

　まず，ある作者の作品を集め，学級文庫に置きます。また，その横に右ページの写真のような「読書けいじばん」を設置します。「読書けいじばん」の項目はシンプルで，以下の4点だけです。

①お話の題名
②一言感想
③おススメした人
④イイネ！（正の字で記入）

② 「読書けいじばん」を読書を促すきっかけにする

　①〜③は作品を読んだ子どもが，④は興味をもった子が記入します。

　「読書けいじばん」は授業時間以外のどの時間でも記入してよいこととします。「読書けいじばん」を読んで，読書のきっかけをもらったり，「読書けいじばん」が書きたくて，また次の1冊を手に取ってみたり…と，学級全体で盛り上がっていきます。

（藤原　隆博）

本と「読書けいじばん」をセッティング

授業時間以外のいつでも記入OK

学級文庫・学校図書館

学級文庫・学校図書館

クラスのミニ作文集をつくろう！

POINT
- 行事などの作文をミニ文集にして綴じるべし！
- ミニ文集を学級文庫や学校図書館に置くべし！

① 行事などの作文をミニ文集にして綴じる

　文集と言うと，年度末に一年間のまとめとしてつくることが多いのではないでしょうか。しかしここでは，行事などの際に定期的につくる「ミニ文集」を紹介します。
①行事の後に，原稿用紙１枚程度で作文を書かせる。
　（１枚限定にすると，後で印刷しやすくなる）
②書けた子どもから提出させ，個別にチェックする。
③完成した作文をＡ４（Ｂ５）に縮小し，人数分＋α印刷する。
④表紙と裏表紙をつけ，ホッチキスで綴じる。

　たくさんミニ文集ができたら，穴あけパンチで穴をあけ，綴りひもですべて綴じ，表紙と裏表紙をつければ，立派な一年間の文集ができ上がります。

② ミニ文集を学級文庫や学校図書館に置く

　ミニ文集の１つは，学級文庫や学校図書館に置きます。学級文庫に置くと，他の子どもの作文を読むことを楽しみにしている子が多いことがわかります。様々な作文を読むことで，友だちの上手な表現を取り入れようという意識も高まります。

（広山　隆行）

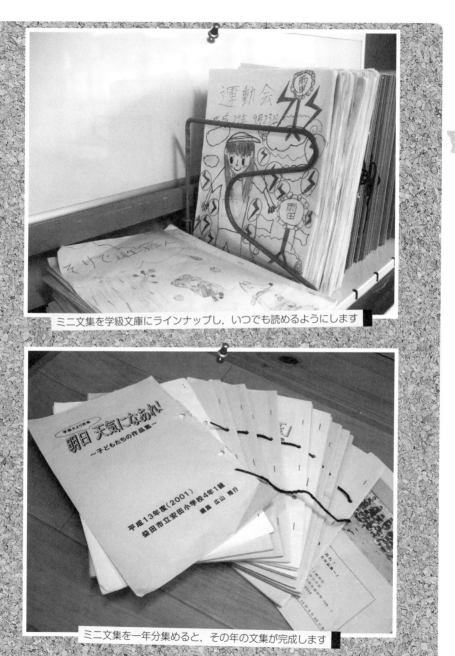

学級文庫・学校図書館

ミニ文集を学級文庫にラインナップし，いつでも読めるようにします

ミニ文集を一年分集めると，その年の文集が完成します

学級文庫・学校図書館

学級文庫を充実させよう！

POINT
- 学習につながる作品を選ぶべし！
- カテゴリごとに整理して並べさせるべし！

① 学習につながる作品を選ぶ

　学級文庫は，読書習慣をつけていくうえでとても効果的です。子どもたちの興味のある作品をそろえるのもよいのですが，国語の学習につながる作品も選びたいものです。

　ファンタジー，図鑑，伝統的な言語文化など，幅広く取りそろえるようにします。色々なカテゴリの作品を集めておくと，教科書教材以外にも多くの作品に触れることができます。

② カテゴリごとに整理して並べさせる

　はじめは教師がカテゴライズして並べるようにします。国語の学習とリンクして，どのようにカテゴライズしているのかが理解できるようになってくれば，おのずと本の整理もできてきます。

　新しく本を入れるときには，子どもたちにどのカテゴリーに入れるのがよいかを尋ねるとよいでしょう。

（田島　章史）

学級文庫・学校図書館

学校図書館のように、学級文庫もジャンルごとにカテゴライズします

絵本のように、読むのに時間がかからない本を充実させるのもコツです

学級文庫・学校図書館

「飛び出せ！　いじんくん」で伝記を紹介しよう！

POINT
- 顔を大きくつくってインパクトを出すべし！
- 学校図書館や教室に展示するべし！

① 顔を大きくつくってインパクトを出す

「飛び出せ！　いじんくん」とは，開くと人物の絵が飛び出す，右ページの写真のような偉人の紹介カードです。

四つ切りの画用紙を１人につき２枚用意します。１枚は台紙に，もう１枚は半分に切って，顔の絵をかかせます。顔を大きくつくってインパクトを出すことがポイントです。

顔がかけたら半分に山折りして，台紙に貼りつけます。どれくらい折ればよいか，台紙を折って合わせながらテープで貼り，のりづけしていきます。

② 学校図書館や教室に展示する

別にＢ４サイズのワークシートを用意し，人物紹介を書かせます。タイトルは，「○○の人○○○○」と形式を統一し，○の部分をそれぞれで考えさせます。書けたら，ワークシートを台紙に貼ります。

出来上がった作品は，学校図書館の伝記コーナーや教室に並べると，いろんな偉人を見ることができ，伝記への関心が高まります。

（比江嶋　哲）

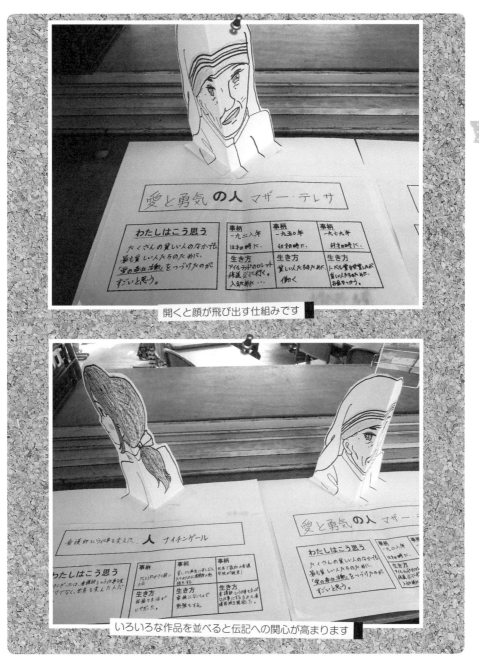

学級文庫・学校図書館

ブラインドブックデートをしよう！

POINT
- わくわく感をつくるべし！
- キャッチコピーや本の内容への感想をもらうべし！

① わくわく感をつくる

　じっくりと文章を読み，自分なりに吟味するというのも，本選びの方法の１つで，読書の楽しみにつながります。でも，どんな本かわからない状態で，キャッチコピーだけで選ぶ，というのもおもしろい体験です。そこで，「ブラインドブックデート」という活動を子どもたちに紹介します。

　まず，１冊本を選び，その本のキャッチコピーをつくります。そのキャッチコピーを封筒に貼り，本は封筒の中に入れます。

　本を入れ，キャッチコピーを貼った封筒を学校図書館の一角に置きます。

② キャッチコピーや本の内容への感想をもらう

　学校図書館に来た子どもたちが興味深そうに封筒のまわりに集まるので，「キャッチコピーを読んでいいなと思う封筒を選んで中の本を借りてね」と伝えます。

　はじめは，絵本などその場で読める本がよいと思います。「思ったのと違った」「読み始めるまでワクワクした」など本選びを楽しんでくれます。「読み終えたらぜひ感想をください」と伝えるとほとんどの子どもたちがその場で感想を書いてくれます。

（藤井　大助）

学級文庫・学校図書館

テーブルの上にキャッチコピーが見えるように置きます

いろいろな学年の子どもたちが感想をくれます

学級文庫・学校図書館

図鑑の使い方をレクチャーしよう！

POINT
- 自分にできることをお知らせするべし！
- グループでリハーサルをするべし！

① 自分にできることをお知らせする

　図鑑を使って何かを調べる活動をすることがあります。しかし，いざ図鑑を見ても，どこに何が書かれていて，どのように読み取ればよいのかわからないという子どもが少なくありません。

　そこで，上級生が下級生に，学校図書館の図鑑を用いて，書いてある内容とともに図鑑の使い方をレクチャーするという活動を考えました。右ページ上の写真は，その活動をお知らせするポスターです。ポスターの中には，教科書との関連，図鑑がある場所，質問の仕方などが書かれています。

② グループでリハーサルをする

　グループごとに図鑑を準備して，質問に答える場面を練習してみます。
　下級生に教えてあげることを前提に考えていたので，
　「リハーサルしなくても大丈夫，結構自信があります」
という子どもたちもいましたが，実際に質問し合ってみると，うまく答えられないことに気づき，本番の準備に生かすことができました。

（藤井　大助）

3年生がつくったポスターを2年生の教室に貼らせてもらいました

学校図書館でリハーサルしている様子

学級文庫・学校図書館

「グループ読み聞かせ隊」で読み聞かせをしよう！

POINT
- グループで読み聞かせの練習をさせるべし！
- 大人数の前でも挑戦させるべし！

① グループで読み聞かせの練習をさせる

お兄さんやお姉さんになったつもりで下級生に読み聞かせをしたいと思っている子は多いはずです。でも，いざやるとなると，「ちょっと自信が出ないなぁ」「間違えたらはずかしいな」など不安を覚えるものです。

そこで，「グループ読み聞かせ隊」を結成するというのはどうでしょうか。4，5人で1グループになり，お気に入りの絵本をグループごとに10冊ほど借りてきます。その中から自分に合っていると思う絵本を選び，グループで読み聞かせを聞き合います。教師は，間の取り方や声の張り，スピードなどをどんどんほめて回ります。

② 大人数の前でも挑戦させる

グループでの練習が済んだら，グループで読み聞かせをするお話を1つに決めさせます。

その後は，朝の会や帰りの会など，たくさんの人がいる前で，本の持ち方や体の向きなども確認しながら本番（下級生への読み聞かせ）に備えます。少しずつ自信をつけていることが声からわかります。

（藤井　大助）

グループで聞き合っているところ

たくさんの人の前で聞いてもらっているところ

学級文庫・学校図書館

学校図書館に出品しよう！

POINT
- ●作品を学校図書館に置くことを事前にアナウンスするべし！
- ●実際に読まれている様子を伝えるべし！

① 作品を学校図書館に置くことを事前にアナウンスする

　学校図書館は，学習環境をつくり出すうえでとても大切な場所です。その学校図書館を利用して，こんな取組をすることができます。
　「今日から，作文を書きます。仕上げた作品は，学校図書館に置いて，他の学年の人にも読んでもらうことにします」
　作文を書かせる際，仕上げた作品を学校図書館に置くことにするのです。

② 実際に読まれている様子を伝える

　これで，子どもたちの取り組む意識がガラリと変わります。「1，2年生が読めるように，漢字に読み仮名を振っていいですか？」などと，読み手を意識した前向きな発言が次々に生まれます。
　出品をする際は，学校司書の方と事前に打ち合わせて了承を得たり，図書担当の教諭に許可を得たりしておきましょう。
　設置をしている期間，実際に読んでいる他学年の子を撮影し，教室でその様子を紹介すると，子どもたちはとても喜びます。

（藤原　隆博）

〇〇に見学をした一組で、ほうこく文を書きました。
10/16〜10/27まで図書室におきます。ぜひ、読んでみてください！
三年一組

作品をファイルに綴じ込み，表紙に紹介文を書きます

他学年の子どもが気になって読むようになります

学級文庫・学校図書館

学級文庫・学校図書館

学年意識をもって学校図書館を活用しよう！

POINT
- 学年別の課題図書を設定するべし！
- おすすめの本を学年ごとに陳列するべし！

① 学年別の課題図書を設定する

　平成29年版の学習指導要領の総則には，学校図書館を計画的に利用し，機能の活用を図ることが明記されています。その１つの方法を紹介します。

　学年別の課題図書を５～10冊程度ピックアップし，一人ひとりにカードを作成して，その本を読んだらシールを貼るようにします。課題図書は，学年の先生方と十分に練り合って設定します。そうすることによって，成長段階にふさわしい名作に意図的に出合わせることができます。また，学年で共通作品を読むことで，読書経験を共有することができます。

② おすすめの本を学年ごとに陳列する

　学校図書館の陳列棚には，ジャンルや分類法別に並べるのが基本ですが，おすすめの本を学年ごとに陳列することによって，より身近に貸出数を向上させることができます。当該学年で学習する物語の作者の他作品や，社会・理科に関連する発展的な内容の本など，教科横断的な意識で本を並べます。どのような本が学校図書館にあるのかを把握しておき，授業内で「そういえば，図書室に関係する本があったかもしれないなぁ」と示唆することが大切です。

（大江　雅之）

学級文庫・学校図書館

学年別の課題図書を設定して読書に取り組ませます

当該学年で読ませたいと思う本をおすすめの本コーナーに陳列します

第2章 言葉の力がぐんぐん伸びる！国語教室づくりのアイデア63

学級文庫・学校図書館

新聞をフル活用しよう！

POINT
- 学校図書館に新聞コーナーを設置するべし！
- 積極的に新聞を活用するべし！

① 学校図書館に新聞コーナーを設置する

　家庭で新聞を手に取ることが少なくなっている今，学校で新聞をマスメディアの1つとして常備することは，有意義であると思います。

　そこで，学校図書館に新聞コーナーを設置することによって，多くの子どもたちが新聞を目にする環境をつくることをおすすめします。スペースが取れない場合は，廊下やホールなどに設置します。大切なことは，子どもたちの新聞への興味を喚起することにあります。

② 積極的に新聞を活用する

　平成29年版の学習指導要領の総則では，「主体的・対話的で深い学び」の実現に向けた授業改善の配慮事項として，新聞の適切な活用を図ることが明記されています。

　朝の会でのニュース紹介のスピーチ，コラムの視写，記事への意見・感想等の書く活動，新聞の割付記事の書き方指導，複数の新聞による取り上げ方や構成の比較，社会科の関連資料などなど，新聞には様々な活用方法が考えられます。

（大江　雅之）

新聞を置くだけでなく，記事も紹介している新聞コーナー

新聞を授業で活用しています

学級文庫・学校図書館

学級文庫・学校図書館

本のおすすめリレーをしよう！

POINT
- 相手の立場になって本を選ばせるべし！
- 班全員で共有する時間を取るべし！

① 相手の立場になって本を選ばせる

　同じ班の友だちに，その子の好きなものや読書の傾向などを考えながらおすすめの本を紹介し，つないでいくのが，「本のおすすめリレー」です。
　「〇〇さんは，動物が好きだからこの本がいいかな」
　「□□さんは，船の本を借りていたから，ヨットの本を選ぼう」
などと相手のことを考えている姿をしっかりほめます。繰り返すうちに，まず自分で読んでみてからおすすめしようとする子どもが増えてきます。

② 班全員で共有する時間を取る

　本をただ進めるだけでなく，右ページ上の写真のように，推薦文とそれに対するお礼のコメントもリレーでつないでいきます。
　班全員でのリレーが終わったら，みんなでその用紙を読み合う時間を取ります（すべての班が同じタイミングでは終わらないので，帰りの会の後や休み時間に教師も一緒になって行います）。みんながどんなところに着目しておすすめの本を選んだのか，また，どんなところに着目してお礼の感想を書いているのか，お互いに気づき合える時間を大切にします。

（藤井　大助）

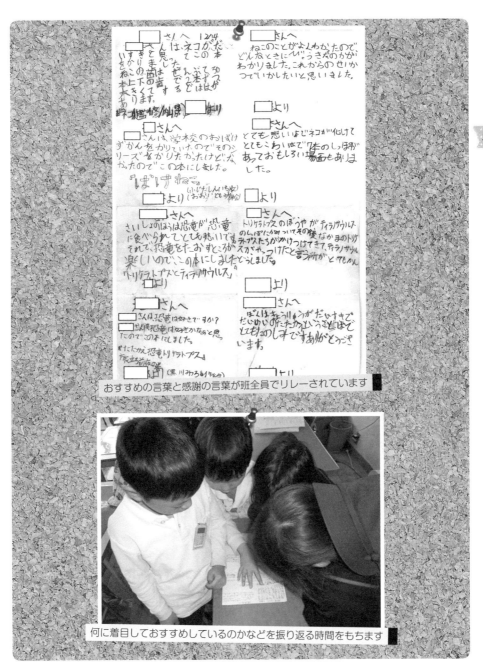

おすすめの言葉と感謝の言葉が班全員でリレーされています

何に着目しておすすめしているのかなどを振り返る時間をもちます

学級活動

今月の目標に合わせて「あいうえお作文」をしよう！

POINT
- ●継続的に取り組むべし！
- ●月目標を自分の言葉で書き換えるべし！

① 継続的に取り組む

　Ａ４の用紙を半分にした紙を準備します。いわゆる「あいうえお作文」の要領で，その月に関係があるお題を決めて，月目標に関係のある文章を考えます（どうしてもお題の文字が頭文字に来ない場合は，１か所だけ文章の途中にきてもよいことにします）。

　年間を通しての活動にすることで，クラスに関係のあることや国語の時間に習ったことなど，自分たちにとって身近なお題になってきました。２，３月は，陰暦の学習をしたので，「きさらぎ」や「やよい」になりました。

② 月目標を自分の言葉で書き換える

　実際の活動で，７月では「なつやすみ」「すいえい」「プール」「はなび」「しゅくだい」などのお題が出てきました。このとき「プール」は「ぷうる」，「しゅくだい」は「しゅ・く・だ・い」というようにしました。

　子どもたちは，月の目標とのつながりを考えながらお題の頭文字を文の頭にもってこようと一生懸命考えます。この姿こそ，言葉の力をつけている瞬間です。

（藤井　大助）

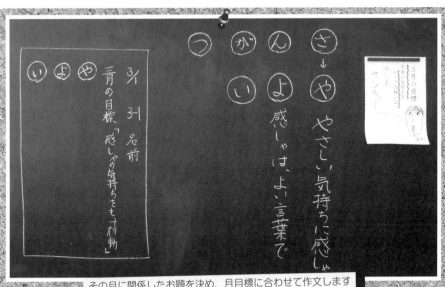

その月に関係したお題を決め、月目標に合わせて作文します

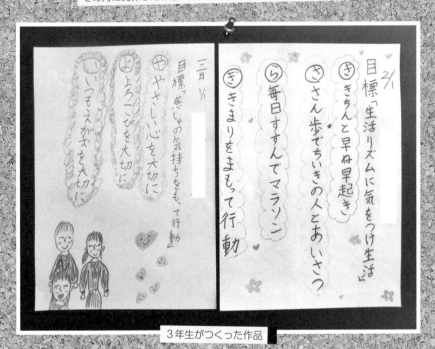

3年生がつくった作品

学級活動

友だちに感謝状を贈ろう！

POINT
- 友だちのよさを文字で表現させるべし！
- みんなの前で，書いた本人から手渡しさせるべし！

① 友だちのよさを文字で表現させる

子どもたちは，普段からお友だちのことをよく観察しています。
「○○さんは縄跳びが得意だよ」「□□さんは，だれにでも優しいよ」「△△さんは将棋が強いんだよ」などと教師にもよく教えてくれます。しかし，気づいたことを本人に伝える機会はなかなかないものです。
そこで，感謝状として思いを伝える機会をつくります。子どもたちは全校朝会などで賞状に書かれた文面はよく耳にしています。そういったものも参考にしながら，相手の特徴などを楽しく文章にまとめます。この活動を行うことで相手のよいところを見つける力もついてきます。

② みんなの前で，書いた本人から手渡しさせる

渡す相手は，まずはお隣の席の友だちです。一番よく様子を知っている相手だからです。
感謝状を渡すときは，表彰式を行います。学級全員が見守る中で賞状を読み上げます。渡される方は，少し恥ずかしそうにしながらも，うれしそうな笑顔で耳を傾けます。

（藤井　大助）

文字で表現することで，友だちのよさへの理解が深まります

すてきな言葉はみんなを笑顔にします

学級活動

学びの振り返りで新聞をつくろう！

POINT
- 既習の内容を楽しく振り返らせるべし！
- 制作途中のものを見合えるようにするべし！

① 既習の内容を楽しく振り返らせる

　子どもたちは一年間でたくさんのことを学びます。しかし，それらを広い視野で振り返ったり，再生したりする機会はなかなかありません。そこで，学期の締め括りの時期などに，既習の内容を自分の言葉でまとめ，みんなで楽しく読み合う活動はいかがでしょうか。なるべく同じ内容にならないように，教科ごとにグループをつくり，事前に相談するよう声をかけます。

② 制作途中のものを見合えるようにする

　右ページの例では，新聞の様式を使いました。
　新聞づくりの活動は子どもたちにとって親しみのあるものですが，細かな内容や割り付け，見出しづくりに苦労する姿が見られました。
　そこで，一度で書ききるのではなく，途中の段階で教室の背面に書きかけている新聞を貼り，見合えるようにしました。
　こうすることで，友だちの書きぶりや見出しのつけ方を参考にしながら楽しんでまとめる姿がたくさん見られました。

（藤井　大助）

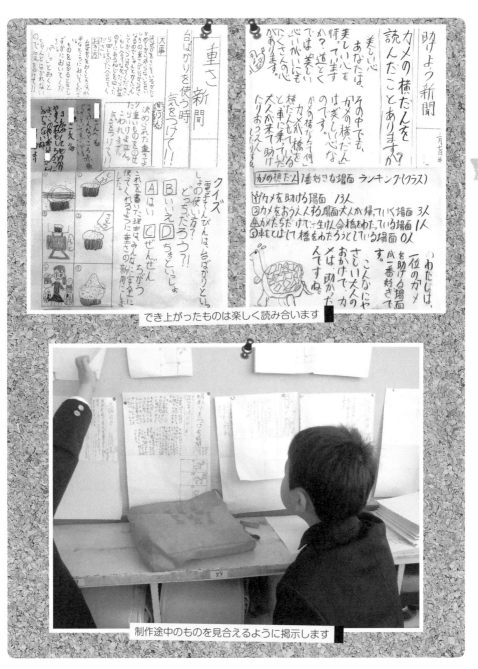

できあがったものは楽しく読み合います

制作途中のものを見合えるように掲示します

学級活動

みんなで漢字係をしよう！

POINT
- プリントづくりや○つけを子どもに任せるべし！
- 子どものやる気を高めるしかけをするべし！

① プリントづくりや○つけを子どもに任せる

　漢字練習は，子どもたちにあまり人気がありません。教師にとっても，漢字を習得させるために小テストをつくったり，範囲を決めて宿題を出したりするのは結構大変なことです。

　そこで，漢字係を子どもたちに提案してみてはどうでしょうか。すべてお任せということではなく，漢字練習のプリントづくりをしてくれる人や○つけをしてくれる人を募集するイメージです。

② 子どものやる気を高めるしかけをする

　プリントは，漢字ドリルと同じ内容を手書きしてもらい，教師が印刷するようにします（たくさん練習させたい場合には，漢字ノートに書いて練習するように声をかけます）。プリントに，つくった人の名前を「○○作」と入れると，作成希望者がたくさん出てきます。

　○つけも任せると，送り仮名や漢字の違いに興味をもつきっかけにもなります。教師は，○つけの時間が減った分，子どもたちのがんばりをほめたり，個別指導を行ったりします。

（藤井　大助）

漢字係がつくった漢字の「書き」のプリント

○つけを通して漢字への関心を高めます

学級活動

校長講話をメモしよう！

POINT
- ●メモの取り方を復習するべし！
- ●メモを基に感想文を書かせるべし！

① メモの取り方を復習する

　小学校中学年で聞き取りメモの学習があります。ここで学んだ方法を社会見学などに生かすのですが，その前に校内で活用，習熟を図ります。具体的には，全校集会のときの校長講話をメモします。校長先生のお話は構成を考えられているのでメモも取りやすいです。

　集会に出発する前に，国語の授業で学習したメモの取り方を簡単に復習します。単語で書く，箇条書きにする，ナンバリングする，平仮名でよい，矢印など記号を使うなど，5つ程度の技能を確認，板書し，それを残したうえで筆記用具とノートを持って集会に臨みます。教室に帰って来たら，板書された技能が使えているか隣同士で相互評価します。

② メモを基に感想文を書かせる

　また，「講話の感想を書いて，校長先生に渡そう」という投げかけを事前にしておきます。隣同士の相互評価の際，メモに書いたことを互いに言い合い，内容の補強をしてから，メモを基に感想を書き，クラス全員分を集めて校長先生に渡します。

（小林　康宏）

集中して校長講話のメモを取ります

メモを基に感想文を書きます

行事作文を書き続けよう！

POINT
- 「書くのが当たり前」になるまで，とにかく続けるべし！
- 子どもの抵抗感をなくす工夫をするべし！

① 「書くのが当たり前」になるまで，とにかく続ける

　例えば，担任が変わった４月の「一年生を迎える会」。会が終わった後，作文を書くことを告げると，子どもたちからは「え～，いやだ～」という声が数多く上がるクラスが多いと思います。けれども，行事作文を書くことには意味があります。１つは，思い出を残せるということです。運動会，遠足，スケート教室などなど，クラスみんなで体験した行事の感想を書き留めておくことで，その思い出はずっと残ることになります。もう１つは，文章力を高めることができるということです。行事があるたびに作文を書くことを行って半年くらい経つと，書くのが当たり前という雰囲気になります。３学期になって，まとめて返した作文を読む子どもの顔には満足感が漂います。

② 子どもの抵抗感をなくす工夫をする

　子どもの抵抗感をなくすために，３つの工夫をします。１つめは，最初のうちは分量を少なくすることです。２つめは，構成やポイントとなる表現の例を示すことです。そして３つめは，口頭でよいので教師が楽しいモデルを示すことです。クラスに一気に「書きたい！」という雰囲気が広がります。

（小林　康宏）

行事が終わったら間を空けずに書かせることもポイント

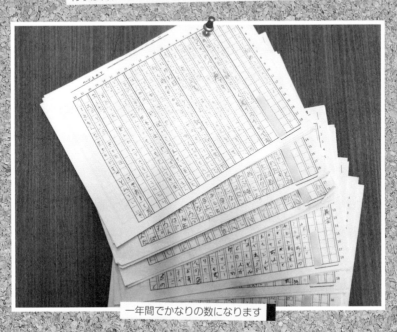

一年間でかなりの数になります

学級活動

学級活動

掃除の役割分担を話し合いで決めよう！

POINT
- 役割分担を話し合いで決めさせるべし！
- 不公平が生じていないか確認するべし！

① 役割分担を話し合いで決めさせる

　掃除当番をどのように決めているでしょうか。グループの持ち場を決めた後，持ち場内での役割分担をグループで決めさせたら，少人数での話し合い活動のよい機会になります。

　この話し合いには2つの利点があります。1つは，課題（役割を決める）を協働的に解決する力がつくということです。やりたい役割が他の人と重なることが多いので，その場合は互いの意見を伝え合い，折り合いをつけることを約束事とします。もう1つは，活動に対して主体的に取り組む態度につながるということです。自分で決めたことは責任をもって取り組むようになります。

② 不公平が生じていないか確認する

　同じ子どもが毎週重いバケツの水くみをやっているような状況が見られたら要注意です。2回続けて同じ活動にならないことを指導して決めさせるとともに，話し合いのプロセスに問題がなかったかを振り返らせることで，公平なクラスづくりにつなげていきます。

（小林　康宏）

互いの意見を伝え合い，折り合いをつけます

決まった分担は表に記録します

学級活動

階段図で学級の問題を考えよう！

POINT
- 問題がエスカレートする過程を「見える化」するべし！
- それぞれの場面で何ができたのかを考えさせるべし！

① 問題がエスカレートする過程を「見える化」する

「先生，何もしてないのに○○君が！」
「違うよ，○○君の方が先にやってきたんだよ！」
　学級の中でこういったやりとりは日常茶飯事です。個別の問題であればお互いの言い分を聞いて指導すればよいのですが，集団と集団の問題や，学級全体にかかわる問題の場合，学級全員を高めるチャンスです。
　まずは時系列に誰が何をしたのかを板書にまとめます。その際，階段状に書いていくと，少しずつ問題が大きくなっていく様子が子どもにも見えます。

② それぞれの場面で何ができたのかを考えさせる

　出来事をまとめたら，次の２つの質問をします。
①どこで何をすれば，大きな問題になるのを止められた？
②そもそも，どうすればこの問題は起きなかった？
　①の答えは様々な場合が考えられるので，子ども一人ひとりが自分だったらどうするかを考え，深めていく場にします。②は今後の学級のきまりごとにかかわってきます。全体で話し合い，クラス全員がよりよく過ごすためのルールづくりに生かしていきましょう。

（宍戸　寛昌）

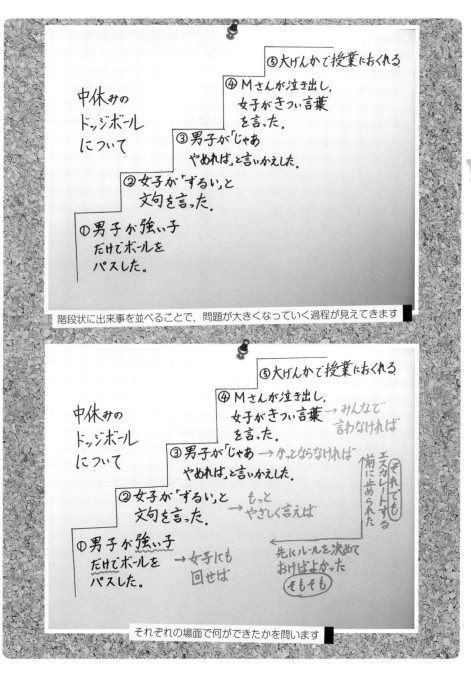

学級活動

自分を成長させてくれた言葉を振り返ろう！

POINT
- ●子どもたちの成長を促す言葉をキャッチフレーズ化するべし！
- ●キャッチフレーズを振り返る機会を設けるべし！

① 子どもたちの成長を促す言葉をキャッチフレーズ化する

　学級全員の成長を目指すのがクラスづくりの基本ですが，日々「こんな心構えをもちたい」「このように行動したい」「こう生きていきたい」といった言葉を教師が話したり，子どもから出てきたりするものです。

　そこで，そんな成長を促す言葉を，その都度子どもの心に響くようにキャッチフレーズ化します。例えば，「あいさつで心の花を広げよう」「ありがとうは愛のかたまり」「風林火山」「ハッピー100倍キャンペーン」「心のコップを上向きに」「時間を味方にする」「学校は学び放題」といった具合です。

② キャッチフレーズを振り返る機会を設ける

　キャッチフレーズがその場限りのものであってはもったいない限りです。そこで，2，3学期のはじめなど，学級にとって節目となるタイミングで，どんな言葉が自分たちを成長させてくれたのかを振り返り，一人ひとりが今後，どの言葉を大切にしたいのかを決めていきます。

　その言葉が「座右の銘」としてその子の中で生き続けていくという願いを込めて実践したいものです。

（山本　真司）

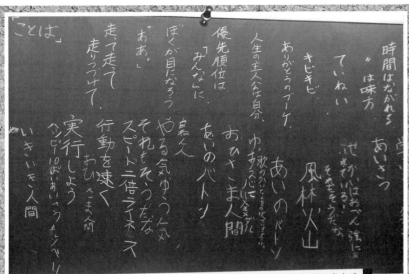
子どもたちが、キャッチフレーズを黒板にどんどん書き出していきます

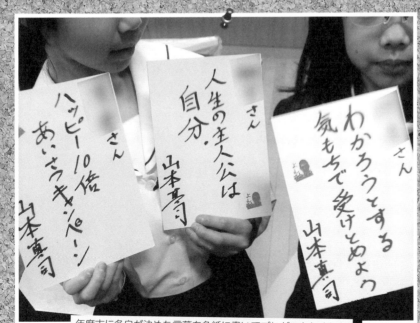
年度末に各自が決めた言葉を色紙に書いてプレゼントしました

学級活動

意見をつなげて，学級全員発表しよう！

POINT
- 発表する前に自分の考えをもたせるべし！
- 意見をどんどんつなげて発表させるべし！

① 発表する前に自分の考えをもたせる

　子どもが自発的に考えを発表することは重要ですが，学級には，発表が苦手な子どもも多くいます。

　そこで，学級生活の様々な場面や各教科の学習で，全員が発表する活動を通して，発表することに慣れ，学び合う学級の雰囲気をつくるのはどうでしょうか。

　まずは，子どもに，必ず全員が発表することを告げ，自分の考えをしっかりもたせます。多様な考えが出る課題を準備することがポイントになります。

② 意見をどんどんつなげて発表させる

　発表は，最初の子と同じ意見や，似ている意見の子が先にしていきます。同じような意見が出尽くしたら，別の意見の子が発表し，学級全員が発表するまで続けます。最初は教師の助けも必要ですが，慣れてくると子ども同士で考えて意見をつなげられるようになります。発表の経験を積み重ねることで，子どもの中に「考えをもち，発表する」という意識が生まれ，自発的に発表することにもつながっていきます。

（伊東　恭一）

発表の前に自分の考えをもつ時間をしっかり取ります

全員発表を通して「聞き合う・話し合う」学習の基盤をつくります

学級活動

いつでも，どこでも話し合いをしよう！

POINT
- 友だちと話し合うことを日常化するべし！
- 話し合いに目的をもたせるべし！

① 友だちと話し合うことを日常化する

「主体的・対話的で深い学び」を実現するうえで，子どもたちの話し合い活動は重要です。しかし，最初から簡単に話し合いができるわけではありません。話し合う雰囲気と話し合いのスキルが必要です。

そこで，学級生活の様々な場面やいろいろな教科の学習で，ペアで気軽に話し合う活動を設定するのはどうでしょうか。課題に対する自分の考えをノートに書き終わった子ども同士で，どんどん意見を交流します。

② 話し合いに目的をもたせる

子どもにただ「話し合いましょう」と言っても，互いの意見を聞き合うだけで終わってしまうので，話し合いに目的をもたせることが必要です。「答えを確認する」「相手を納得させる」「考えを増やす」など，課題に応じて具体的な指示を出します。また，目的を達成したら，互いのノートに自分たちのサインを書き合うことで，達成感も味わわせることができます。

毎日の学習で話し合う経験を積み重ねていくことで，話し合いを大事にする学級の雰囲気がつくられ，話し合いのスキルも育っていきます。

（伊東　恭一）

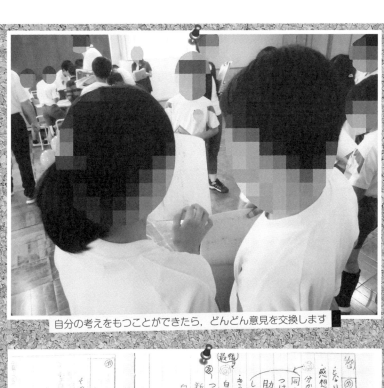

自分の考えをもつことができたら，どんどん意見を交換します

目的を達成できたら友だちにサインをもらいます

宿題

「家族のだれかを観察日記」を書こう！

POINT
- ●家族が思っていることを想像させるべし！
- ●家族に対する思いも書かせるべし！

① 家族が思っていることを想像させる

　子どもたちには，相手に対する思いやりをもってほしいものです。そのためには，相手の立場に立って，相手が思っていることを想像してみる必要があります。そこで行うのが，家族のだれかをじっくり観察し，その人の気持ちになりきって日記を書くという宿題です（休日に書いてくる宿題として出します）。家族の行動や会話を取り出して，そこに家族が思っているであろうことを加えて，文章を展開していきます。例えば，「お母さんが，洗濯物を干していました。お母さんはきっと，『〇〇もごろごろしていないで手伝ってくれないかな』と思っていたでしょう。その後，お母さんは買い物に…」といった流れになります。

② 家族に対する思いも書かせる

　この日記では，家族の観察と心情の想像を繰り返した後，家族に対する思いを書きます。そこには，家族への温かな思いが書かれます。例えば，「お母さんは休みの日でも忙しくしているので，次のお休みには私が洗濯物を干すのをしてあげたいです」などといった思いが書かれます。書いたものを学級で読み合うと，思いやりの気持ちが一層広がります。

　　　　　　　　　　　　　　　　　　　　　　　　　　　　（小林　康宏）

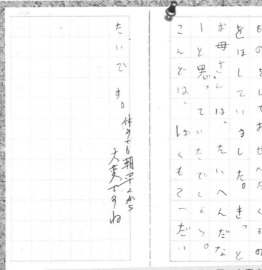

家族の行動と想像した気持ち、自分の思いを書きます

3年3組学級通信

No.37 2018.1.29

かぞくのだれかをかんさつ日記

　今日は、お父さんのかんさつ日記です。今日お父さんはバトミントンのどこかが切れてなおしていました。私は「ぜったいなおせないなぁ。」とおもいました。少ししたら糸が切れていたけど、どんどんなおってきました。また少ししたら、お父さんの力で糸がまた切れてしまいました。お父さんの心の中は、「あーあ、切れちゃった。」という気持ちだったと思います。でもそんなお父さんがカッコイイとおもいました。

　今日は、おとうとのかんさつをしました。まずおとうとはタブレットをやっていました。おとうとは、「あーたのしいなー」と思っていると思います。次におとうとは、いもうとあそびました。おとうとは「いもうととあそぶのはたいへんだなー」と思っていると思いました。さいごにおとうとは、ねていました。おとうとは「ねおきでいちいちないていらんないよー」と思っていると思いました。私は「おとうとはねおきでないているからなかないでほしい」と思いました。

順番に学級通信にも載せます

宿題

1行日記を毎日書こう！

POINT
- ●子どもの意欲につながるコメントを返すべし！
- ●インタビューで話す・聞く力を育てるべし！

① 子どもの意欲につながるコメントを返す

　宿題プリントや連絡帳などに，その日の出来事の振り返りを，毎日1行で書くだけの宿題です。分量が少ないので，書くことが苦手な子どもでも，継続的に取り組むことができます。

　教師は，書いてきた内容をまずは受け止めます。そして，例えば子どもが「○○という本を読みました」と書いてきたら，「○○のシリーズはたくさんあるけど，どの本が好き？」など，子どもの書く意欲につながるような問いをコメントとして返します。そうすることで，子どもとの関係づくりができます。

② インタビューで話す・聞く力を育てる

　書くことに慣れてきたら，その内容を隣同士ペアになり，インタビューし合う機会を設けます（一人ひとりが前に出て行うスピーチよりも，たくさん話す機会があるインタビューの方がおすすめです）。

　このとき，聞き手は話し手のよいところを見つけるように，話し手は聞き手に伝わるように意識させることで，話す・聞く力を育てることができます。

（田島　章史）

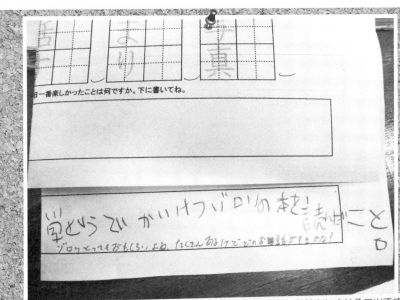

コメントでちょっとした問いを投げかけることが、次も書きたい気持ちにさせるコツです

マイクに見立てた小道具を使うのもおすすめです

宿題

「はじめ・中・終わり」で作文を書こう！

POINT
- ●宿題を利用して継続的に書かせるべし！
- ●タイムリーなテーマを与え，書き方の型を指導するべし！

① 宿題を利用して継続的に書かせる

　毎日の国語授業で，作文を書くためのまとまった時間はなかなか取れません。そこで，子どもに「はじめ・中・終わり」の書き方の型を教え，宿題で作文を書かせていく活動をおすすめします。継続的に書かせることにより，原稿用紙の正しい使い方や，つながりのある作文を書く力が身につきます。

② タイムリーなテーマを与え，書き方の型を指導する

　作文のテーマは，「学級目標について」「１学期にがんばること」「運動会の反省」など，タイムリーな話題にします。
　そして，書き方の条件として以下の３点を示します。
①題名・氏名を書く
②３段落以上の文章で「はじめ・中・終わり」の構成にする
③「はじめ」では話題提示，「中」ではテーマに対する説明や自分の考え，「終わり」では「中」の内容を受けたまとめを書く
　中学年以上になったら，頭括文や双括文などの型を指定することで，書き方のバリエーションをさらに増やすことができます。

（伊東　恭一）

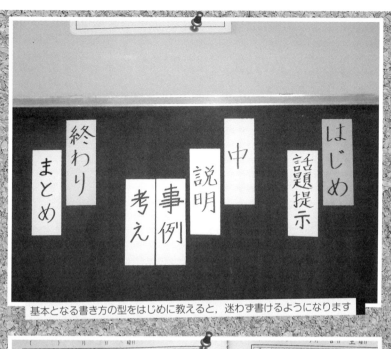

基本となる書き方の型をはじめに教えると，迷わず書けるようになります

継続的に書く経験を積み重ねていきます

宿題

「心の色」を日記に書こう！

POINT
- モデルを示し，継続的に書かせるべし！
- 書いた日記を読み合う活動で色彩の豊かさに気づかせるべし！

① モデルを示し，継続的に書かせる

　週明けに提出される子どもたちの日記は，週末に体験したことを書き，「楽しかったです」とか「またやりたいと思いました」と締め括られていることが多いものです。

　そこで，思ったことを「色」にして表現することを指導します。「ランドセルの中に隠しておいた30点のテストをお母さんに見つけられました。心の色は青になりました」などのモデルを示し，思ったことを色で表すよう指示して日記を書かせます。はじめはうまく表現できなくても，継続的にやっているうちに上手に表現できるようになります。

② 書いた日記を読み合う活動で色彩の豊かさに気づかせる

　何回も書いているうちに，子どもの姿は二極化していきます。１つは積極的に感情表現を色彩で表す子です。１つの日記の中でも，出来事に合わせて色合いを変えていったり，似た体験をしても，前回書いた日記とは異なる色を使ったりします。もう１つは，「楽しかった」の代わりに常に「心の色はオレンジ色でした」を書くような子です。学級全員に色彩の豊かさに気づかせるには，書いた日記を読み合う活動が効果的です。

（小林　康宏）

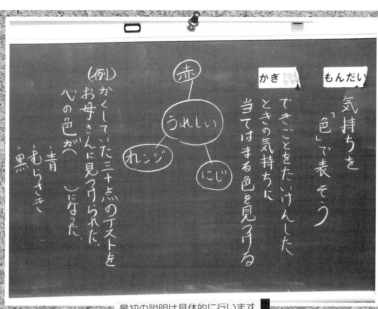

最初の説明は具体的に行います

書いた日記を読み合う活動を楽しみます

宿題

物語風日記を書こう！

POINT
- 「もう一人の自分」を表現させるべし！
- 日記を紹介し合う機会を設けるべし！

① 「もう一人の自分」を表現させる

　子どもが書く日記と言えば，自分のしたことを時系列に並べ，その感想を最後に書くというパターンが多いと思います。しかし，決まった形で繰り返し書いているだけでは，表現の幅は拡がらず，言葉の力も伸びていきません。

　そこで，日記を物語風に書くことに挑戦させてみます。自分のしたことや考えたことを振り返り，それを第三者がしたことのように書いてみるよう助言します。「大助（＝書き手の名前）は，…した」のように，まずは，自分の名前を入れて書いてみることから始めます。

② 日記を紹介し合う機会を設ける

　物語風に日記を書くだけでなく，その日記をみんなの前で紹介する機会を設けます。自分のことを知ってもらったり，仲間のことをたくさん知ったりするのは，子どもたちにとってとても楽しい時間です。また，物語風に表現していることで，友だちの表現方法にも興味をもつようになります。ちょっとした出来事であっても，表現の工夫の中に行動や気持ちの変化が見え隠れします。

（藤井　大助）

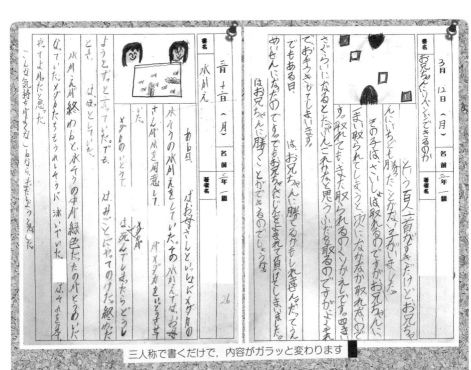

三人称で書くだけで、内容がガラッと変わります

発表の場を設けることも、モチベーションアップにつながります

主人公にひと言贈ろう！

POINT
- 単元の最後に宿題として与えるべし！
- 作品が語りかけてきたことも書かせるべし！

① 単元の最後に宿題として与える

　文章を読んで感じたことやわかったことを，自分の言葉でまとめるのはとても大切なことです。そこで，授業中だけでなく，少し時間を空けて，宿題として授業を思い出しながら感想や気づきをまとめてみる活動を考えました。

　ここでは，「サーカスのライオン」（東京書籍３下）で，場面の様子に着目して，登場人物になりきりながら行動を具体的に想像することを学習した後，「主人公にひと言」ということで，自分の考えを書いてくる宿題を単元の最後に出しました。

② 作品が語りかけてきたことも書かせる

　あわせて，「作品が語りかけてきたこと（作品から学んだこと）」についても書かせてみました。

　３年生では難しいかと思いましたが，お互いの思いを常に分かち合えるように，考えを交流する時間を必ずつくっていたこともあり，３回目の物語単元では，全員が書いてこられるようになりました。

（藤井　大助）

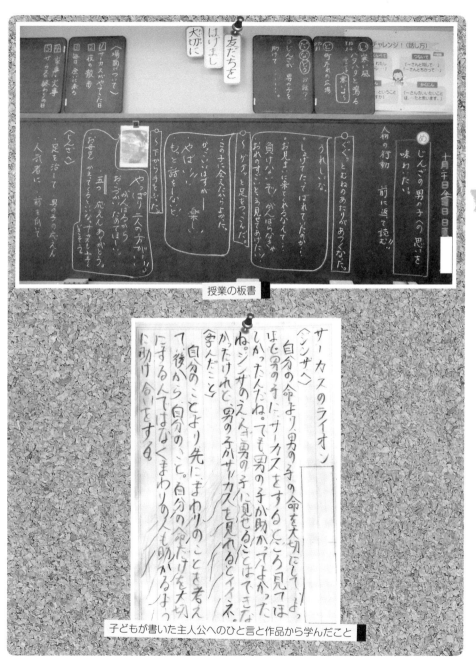

授業の板書

子どもが書いた主人公へのひと言と作品から学んだこと

宿題

新出漢字を使って おもしろ作文を書こう！

POINT
- 「楽しい！」「できる！」からスタートするべし！
- 難易度を上げるなどして飽きない工夫をするべし！

① 「楽しい！」「できる！」からスタートする

　「習った漢字を使っておもしろい作文をおうちで書いて来よう」と提案すると、友だちに「おもしろいね」と言ってもらえる作文を書きたい、というモチベーションが生まれます。すると漢字練習が、ただの視写ではなく、思考が働く学習になるので、飽きることがありません。次の日、友だちと読み合って楽しめるようにするために丁寧に書くようにもなります。
- 新出漢字（４個ぐらい）の中から、２つ以上を選んで、その漢字が登場するおもしろ作文を漢字ノート１ページに書いてくる。
- 新出漢字の横には、赤で読み方を書くようにする（赤で読み方が書いてある漢字が正しいかだけ確かめればよいので、先生のチェックも簡単）。

② 難易度を上げるなどして飽きない工夫をする

　慣れてきたら、飽きないように、以下のような工夫をすることが大切です。
- 使用しなければならない漢字を３個以上、４個以上…と増やす。
- 漢字ノートではなく、作文ノートにする。
- 同じ漢字でも異なる読み方で使えていたらポイントアップとする。
- おもしろ作文コンテストをする。

（河上　慶子）

漢ド4

ぼくの今日の宿題は、作文だ。想ぞうでも、いいから、漢字を使って書くんだ。ぼくは、相手が感動して、行列ができるようなやつが書きたい。そして、ほう送局に送られるようなのが書きたい。ラジオでぼくの作文が読まれたら感げきだ。そんなのを書きたいから今日もがんばるぞ。

> まずはノート1ページという制限で、負担感を抑えます

漢ド10

3月21日

きのう手帳を買った。どうしてかというと50メートル走で、何秒か記ろくするためにね。さっそくお姉ちゃんときょうそうした。思ったよりお姉ちゃんは速い。あと25メートル。その時、やっと追いついた。お姉ちゃんと速度が同じになった。どっちが勝利するのか。ドキドキする。「ピーピー」はたしてどちらが勝ったのか。この勝負

3月21日

引き分けでした。その時、お母さんがケーキを持ってこう言った。「おつかれ。おやつのいちごタルトだった。」そのタルトは、上等なタルトだった。等しく3等分に分けて、手帳に50メートル走のけっかを記ろくした。「いっただきまーす」走った後に食べるタルトは、とてもあまくて、元気が出る。そう思った。

> だんだん量も増えていき、たくさんの漢字を駆使したユニークな作文が出てきます

漢字の仲間集めをしよう！①

POINT
- 漢字をテーマで仲間分けし，言葉を集めさせるべし！
- ゲーム性をもたせて，子どものやる気を上げるべし！

① 漢字をテーマで仲間分けし，言葉を集めさせる

　よく宿題で漢字練習に取り組ませますが，ただ漢字を書いて覚えるだけでは，子どもの意欲は上がらず，実生活で生きる言葉の力にはなりません。
　そこで，漢字を様々なテーマで仲間分けしながら練習させます。
　例えば，
　「今日は，『色』に関係する漢字を練習します」
というように，練習する漢字のテーマを指定します。
①テーマに関係する漢字を行の一番上に書く
②その漢字を使った言葉を1行に書けるだけ書く
③なるべく，違う意味や読み方の言葉を書く
　そして，上の3点をルールとします。子どもたちは漢字辞典などを使って言葉集めを行い，その過程で語彙を増やしていきます。

② ゲーム性をもたせて，子どものやる気を上げる

　「1行書けたら1点」「違う読み方が使われていたら2点」のようにゲーム性をもたせるとやる気が上がります。友だちが気づかなそうな言葉を調べてくるなど，楽しみながら練習に取り組めます。

（伊東　恭一）

テーマに関係する漢字を使った言葉を集め、語彙を増やします

ボーナスポイントを設定すると、やる気が上がります

宿題

宿題

漢字の仲間集めをしよう！②

POINT
- 部首や「漢字の中の漢字」に着目して集めさせるべし！
- 画数に着目して集めさせるべし！

① 部首や「漢字の中の漢字」に着目して集めさせる

　前項と同じく，漢字練習の宿題を単調なものにせず，子どもが意欲をもって取り組めるようにする工夫として，「漢字集め」を紹介します。

　まず紹介するのは，「きへん」がつく漢字，「ごんべん」がつく漢字，「口」がつく漢字，「目」がつく漢字…など，部首や「漢字の中の漢字」に着目した漢字集めです。

　何に着目して漢字を集めるのかというところから，子どもに決めさせるとよいでしょう。

② 画数に着目して集めさせる

　続いて紹介するのは，画数に着目した漢字集めです。

　当該学年で習う○画の文字という条件でもよいのですが，子どもが燃えるのは，画数の多い難しい漢字集めです。

　右ページ下の写真では，子どもは26～30画の漢字を集めることで難しい漢字に興味をもち，その読みや部首，意味なども調べています。

（藤原　隆博）

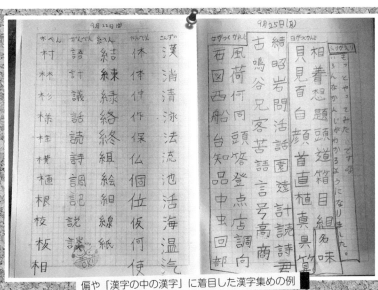

偏や「漢字の中の漢字」に着目した漢字集めの例

画数の多い難しい漢字集めを楽しんでいる様子がうかがえます

宿題

みんなで協力して意味調べをしよう！

POINT
- 一人ひとりに役割を与えるべし！
- 完成した「意味調べ一覧表」を積極的に活用するべし！

① 一人ひとりに役割を与える

　意味調べは，国語辞典を用いて，子どもにとって親しみの少ない難語句を調べる際に行われます。説明文や物語文を学習し始める時期に，家庭学習の課題となることがあります。

　ところが，「わからない言葉を調べてきましょう」という投げかけだけだと，たくさん調べる子もいれば，1つも調べないままになる子も…。そこで，以下のようにして，学級全体で語彙を豊かにすることに取り組みます。

　まず，教師が「意味調べ一覧表」を配付し，宿題とします。その際，学級掲示用の「意味調べ一覧表」に貼る短冊（1枚に1語）を渡し，だれがどの言葉の短冊をつくるか決めます。

② 完成した「意味調べ一覧表」を積極的に活用する

　翌朝，短冊を貼らせて，右ページ下の写真のように，学級掲示用の「意味調べ一覧表」を完成させます。

　学級掲示用の「意味調べ一覧表」をつくるという目的をもち，役割を各自に分担することで，学級全員がやる気になります。この掲示物を積極的に授業の中で活用することが大事です。

（藤原　隆博）

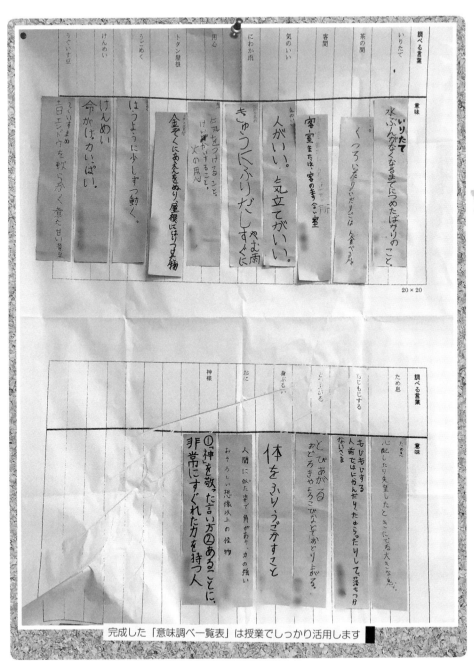

完成した「意味調べ一覧表」は授業でしっかり活用します

宿題

好きな一首を暗記しよう！

POINT
- 学校で覚え方を指導するべし！
- 一人ひとりを評価するべし！

① 学校で覚え方を指導する

　3年生になると，短歌の学習をします。文語の言い回しや短歌のリズムを感じ取らせたいものです。そのためには，教科書に載っている歌の中から好きな一首を選び，暗記することが有効です。家に帰って好きな一首を覚えてくるために，その方法を教室で教えます。

　前の方から少しずつ覚えていきます。最初ははじめの五音，次はその後の七音といったように覚えます。2回目は，はじめの五音と次の七音をセットで，というように覚える範囲を少しずつ広げていきます。そうして，だいたい覚えられたら，隣同士で最終チェックをして，お互いが覚えられたかを確認します。

② 一人ひとりを評価する

　短歌の暗記を宿題に出した翌日，朝の時間などを使ってテストをします。一人ひとり教師の前で暗唱します。こうすることで，がんばった子は満足感をもち，しっかりやってこなかった子は次の宿題はちゃんとやろうという気になります。

（小林　康宏）

宿題

ペアになって暗記のチェックをします

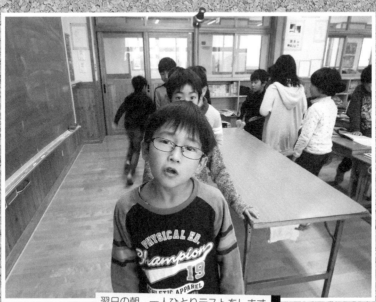

翌日の朝，一人ひとりテストをします

【執筆者一覧】

二瓶　弘行（桃山学院教育大学）

相澤　勇弥（新潟県長岡市立宮内小学校）
伊東　恭一（福島県白河市立みさか小学校）
今村　　行（東京学芸大学附属大泉小学校）
大江　雅之（青森県八戸市立桔梗野小学校）
笠原　冬星（大阪教育大学附属平野小学校）
河上　慶子（岡山県倉敷市立川辺小学校）
小林　康宏（長野県佐久市立岩村田小学校）
佐藤　　拓（北海道網走市立中央小学校）
佐藤　　司（大阪府豊中市立寺内小学校）
宍戸　寛昌（立命館小学校）
田島　章史（大阪府寝屋川市立第五小学校）
中尾　聡志（熊本大学教育学部附属小学校）
長屋　樹廣（北海道教育大学附属釧路小学校）
比江嶋　哲（宮崎県都城市立五十市小学校）
広山　隆行（島根県松江市立大庭小学校）
藤井　大助（香川県高松市立古高松小学校）
藤原　隆博（東京都江戸川区立船堀第二小学校）
山本　真司（南山大学附属小学校）
渡部　雅憲（福島県須賀川市立長沼小学校）